20代の仕事の教科書

藤尾允泰 監
Fujio Saneyasu

致知出版社

20代の仕事の教科書

目次

第1章 仕事ができる人の心構えの基本

第5章　本気度が仕事の成否を決める

第6章 人間性を磨くことが進歩への道

凡例

1 本文は、強調を示す場合はゴシック体としています。
2 本書は月刊『致知』のインタビュー記事を再構成したもので、本文中の内容および社名・肩書・略歴等はいずれも掲載当時のものです（掲載号は巻末に記載）。
3 掲載にあたり、一部、加筆・修正等を行った箇所がございます。

第1章

仕事ができる人の心構えの基本

新浪剛史
入社時に受けた
二つの教えと実践

新浪剛史

にいなみ・たけし

サントリーホールディングス社長

昭和34年神奈川県生まれ。56年慶應義塾大学卒業後、三菱商事入社。平成3年ハーバード大学経営大学院を修了しMBA取得。14年ローソン社長に就任。26年サントリーHD社長に就任。令和5年経済同友会代表幹事に就任。

井の中の蛙ではなく、外の世界との接点を持て

慶應義塾大学に入学し、器械体操部に入部しました。二年生になると通常四年生が務める主務（裏方をすべてマネージする役割）を任され、三年間携わりました。主務の仕事は苦労が多かった一方、裏方を全《まっと》うしたことが評価され就職先には困りませんでした。当時の一流企業からいくつもお声掛けいただきましたが、慶應の器械体操部の卒業生が唯一誰も就職していなかった三菱商事を選択。海外での仕事に憧《あこが》れていたことに加えて、当時三菱商事が就職したい企業ランキングでトップだったという単純な理由も決め手の一つとなりました。

意気揚々と入社したものの、配属先は三菱商事の中で最も多くの損失を計上し部の士気が低かった砂糖部。当時入っていた社員寮では、「砂糖部のおかげで僕たちのボーナスも下がった」など先輩からの風当たりも強く、次第に気が滅入《めい》り、入社当時から転職が脳裏をかすめたこともありました。

当時の三菱商事では国内外の行き来はあっても一度配属された部で働き抜くのが普通のキャリアでした。このまま砂糖部の社員として社会人人生を終えるわけにはいかない。悶々《もんもん》とし

ていたところ、二年目に砂糖部で組織再編が敢行されました。人数が半減し、チームリーダーがマサチューセッツ工科大学でMBAを取得した開化的な方に交代したのです。このチームリーダーの陣頭指揮の下に意識改革が行われ、早朝から勉強会を開催してケーススタディをしたり、主体性を持たせるために「このチームをどうしたいか」といった議論を繰り返したりしました。

特に教えられたのが**「井の中の蛙《かわず》になるな。外の世界との接点を持て」**ということです。その言葉に感化された私は、二十五歳の時に友人の紹介でダイエー創業者の中内㓛《なかうちいさお》さんが主宰する勉強会に加えていただきました。二十名ほどのクローズドな会でしたが、「事務局でもいいから入れてほしい」と懇願《こんがん》して入会したのです。

そこには慶應義塾大学名誉教授の竹中平蔵さん、アジア開発銀行総裁の中尾武彦さん、外務大臣の茂木敏充《もてぎとしみつ》さんなど、様々な分野で現在活躍している方々が集っていました。中内さんは既に六十代になられていましたが、非常に好奇心が旺盛《おうせい》で努力家だったことをいまでも覚えています。勉強会では常にメモを取っておられ、新しい発見をすると、「これは面白い」と執拗《しつよう》に質問されるのです。

ダイエー帝国を築かれた大経営者が細部に好奇心を持ち、並々ならぬ努力をされている。その姿勢やメンバーの視座の高さに感化され、海外のビジネススクールに行きたいという願望が具体的な目標に変わっていきました。

入社時にいただいた二つの教え

入社当時、先輩から教わり実践していたことが二つあります。

一つ目が**休日の使い方**について。

「なぜ週二日の休みがあるか知っているか？　それは、**一日は勉強し、一日は趣味のため**である」

そう学んでから、土曜日は毎週神奈川県立図書館に通い、十時から十八時まで勉強に打ち込みました。社内留学制度を活用して、ハーバード大学に留学するために**TOEFL**《トーフル》や**GMAT**《ジーマット》の試験勉強の他、論文対策で経営書を読み漁《あさ》り、世界の動きを追っていました。

一方、日曜日は会社のバスケットボールチームに入り、練習や試合に明け暮れていました。

このようにメリハリある生活を送っていたため、根を詰めすぎずに勉強も継続できたのだと思います。

二つ目が**「朝一番に出社し、夜は最後に帰宅しろ」**との教えです。朝は七時には会社に来て、海外から送られてくるテレックス（メールやＦＡＸがない時代に使われていた通信機器）を切り、先輩の机に置くのが日課でした。当然目を通しても内容を理解できないわけですが、早朝から出社していると、先輩から「何か分からない点はないか」と聞いていただけるようになり、そうした機会を逃さず質問することで、着実に知識をつけていきました。

当時の先輩たちはテキパキと仕事をする人が多く、帰宅時間は一番遅かったとはいえ十九時半頃だったように思います。仕事後にはよくチームリーダーから「ちょっと一杯いくか」と声を掛けていただき、そこで砂糖部が赤字に陥った理由を教えていただいたり、部の改革のために元組織学会会長の野中郁次郎《いくじろう》先生らが記した『失敗の本質』を読むよう勧められたりしました。

「朝一番に出社し、夜は最後に帰宅しろ」とは、最近の働き方改革に一見反するようですが、自ら成長の機会を増やすことで確実に実力を養うことができました。

引き上げられる人の秘密

二十代で素晴らしい方々との邂逅《かいこう》を得たことは大変幸運でした。先述の方々以外にも、私を応援し、支えてくださった方は大勢います。ある役員の方などは、「砂糖部は忙しくて、新人はお昼に外出しづらい雰囲気があるから、俺が迎えに行ってあげよう」とよく昼食に誘っていただいていたので、上長も驚いていたと思います。

この役員と出逢ったのは社内の委員会活動の場でした。委員会に参加すると業務が増えるため皆が敬遠する中、私は部門外との交流を求め自ら手を挙げたことで、ご縁をいただくことができたのです。

自ら積極的に外の世界に接点を持つ機会を増やすこと。行動しない限り、人物との出逢いや「いい運」は巡ってこないことを痛感します。他にも、目上の方から目を掛けていただけた理由を自己流に分析すると、その鍵は大変単純なことですが、二つあると思います。

一つ目は**「礼儀正しさ」**。当たり前のことですが、明るい挨拶、清潔感溢《あふ》れる格好などは絶対に欠かせません。私はネクタイを締めている時に第一ボタンを外すことは絶対にしませんでしたし、靴も毎日磨いていました。自分の意見を通したいのであれば、まず自らの身を正し、最低限の礼節は弁《わきま》えるべきというのが持論です。些細《ささい》なことですが、一流の方ほどそこに気づいてくださり、懐《ふところ》に入れるように可愛がってくださいました。

二つ目が**「必ず礼状を書く」**ことです。いまのようにメールがないので、名刺交換をしたら必ず手紙を書いていました。すると、「若いのに珍しいね」と覚えていただけたものです。

私の二十代は好奇心の塊でした。大きな野望や志があったわけではありませんが、日々好奇心に突き動かされ努力しているうちに、色々な方々と出逢い、そして支援を得ることでハーバードに留学することができ、ローソンの社長を務め、現在はサントリーの経営を任せていただいています。

若いうちは将来像が明確に描けずともいいと思います。好奇心に従って様々な挑戦をする。壁にぶつかり失敗を繰り返し、経験を積むことで自らの進むべき道を見出していくことができるのです。ゆえに、二十代の皆さんには、常に「井の中の蛙になるな」と自らに言い聞かせてほしい。新たな接点を求めて、自らを研鑽《けんさん》してください。

鈴木茂晴
自らの仕事を
天職に昇華する

鈴木茂晴

すずき・しげはる

日本証券業協会会長

昭和22年京都府生まれ。46年慶應義塾大学経済学部卒業後、大和證券入社。引受第一部長、専務取締役などを経て、平成16年大和証券グループ本社取締役兼代表執行役社長、大和証券代表取締役社長。23年大和証券グループ本社取締役会長兼執行役、大和証券代表取締役会長。29年日本証券業協会会長に就任（令和3年まで）。令和3年大和証券グループ本社名誉顧問に就任。

坂の上の雲を一点に見つめて

大和証券に入社後、まず所属した部署は東京丸の内にある本店営業部でした。本店は強者《つわもの》の先輩営業マンばかりが集まり、鎬《しのぎ》を削るところ。私は決して本店を希望したわけではないものの、百五十人ほどいた同期の中から七～八人が本店営業に配属され、たまたまその一人に選ばれました。

証券取引業務を行うために必要な資格を三か月で取得し、それ以後は来る日も来る日も朝から飛び込み営業に出掛け、新規顧客を開拓する。いまと違って個人情報保護法がない時代ですから、株主や医者など高額所得者の名簿がたくさんあり、「これで回ってこい」とよく言われたものです。

当時はインターネットもありませんでしたので、会社から支給される資料に加え、ありとあらゆる新聞や雑誌を取り寄せて読み込み、そこで得た情報をもとに立てた株価の予測などをお客様に話すよう心掛けていました。

朝は七時半前には出社し、夜は九時、十時頃まで働く。ノルマも課され、厳しい仕事だったため、辞める社員も多かったのですが、その一方で、花見や運動会、社員旅行といった行事もあり、アットホームでなおかつ皆が努力し高め合う雰囲気に包まれていました。

あの頃は大和証券のみならず、どこの会社も同じ状況だったと思いますが、全員が坂の上の雲を一点に見つめながら、せっせと上っていたような時代です。とりわけ証券業界はニクソン・ショックやオイル・ショックに見舞われながらも右肩上がりに伸び続け、初任給が約四万円のところ、翌年には七千~八千円もベースアップする。そういう中で、仕事も遊びも一所懸命に打ち込んでいきました。

何があってもその場を離れない

もちろん辛《つら》くて仕事を辞めようと思ったことは何度もあります。どんなに素晴らしい会社に勤めていても、隣の芝生が青く見えたり、もっといい会社が他にあるのではないかと思ったりすることは誰しもあるでしょう。しかし、その時が一番の危機であることを知っておかなければなりません。大抵の場合、飛び出してみたらもともと居たところがやっぱりよかったと気づくもの。**本当の価値は外ではなく内にある**のです。

これまで私は大和証券を辞めた人たちをたくさん見てきましたが、その中で成功した人は片手で数えられるほどしかいません。ゆえに、**多少苦しかったり不平不満があったりしても、その場を離れないということが重要だ**と思います。

新卒社員の三割が三年以内に離職すると言われて久しいのですが、大学を出たばかりの人間がいきなり通用するほど、ビジネスの世界は甘くありません。もしそういう会社があれば、すぐに潰《つぶ》れているでしょう。

私が若い人たちによく言うのは、「例えばセールス一つにしてみても、半年間一所懸命やって、お客様と話すのがうまくなって嬉しいとかお客様ができて楽しいとか、お客様に喜んでもらえてやりがいを感じるとか、**ちょっとでもそういう気持ちがあれば、その仕事は天職だし、その会社は最高の職場だ**と思ったほうがいい」と。

入社以来、私は十年以上営業の仕事に携わった後、突如として、会長の秘書を務めることになりました。当初は秘書なんて自分には全《まった》く向いていない、細かいことはできないと思っていたのですが、それでも一所懸命やっていると仕事が面白くなり、二年くらい経った時にこれは自分の天職だと思えるようになったのです。

私自身が辞めずに続けてこられたのは、**一所懸命打ち込むことで自らの仕事を天職に昇華し、ここが最高の職場と思い定めた**からに他なりません。

異動や転勤は試され時である

本店営業を三年間経験した後、次に与えられたステージは埼玉県の大宮支店でした。いまでこそ大宮は栄えていますが、当時はまだ田舎。仕事を終えて夜お酒を飲んでいると、操車場から汽笛が鳴り響く。それが非常にもの悲しく、こんな遠くの町へ来てしまったのかと思いながら飲んでいた記憶があります。

それでも「住めば都」という諺《ことわざ》の如《ごと》く、日を追うごとに居心地がよくなっていきました。仕事でも順調にお客様を増やし、三年経つ頃には、全国的に見ても高い成績を上げられるようになったのです。ここを終《つい》の住処《すみか》にしたいと思っていたところ、ある日突然、一通のＦＡＸが届きました。

驚くことに、それは新規店の開設準備員として、神奈川県の鎌倉へ転勤する辞令でした。三十歳の頃です。

新規店ということは当然お客様をゼロからつくらなければいけません。その上、鎌倉支店は投資信託のみで株式は取り扱わないとのこと。これまで株式しかやってこなかった私に、まさか白羽の矢が立つとは思ってもみませんでした。成績が悪いならまだしも、トップクラスの俺がなぜそんなところへ行かなければならないのか。当初は不満を抱いていました。

新入社員時代のように、担当地域を指定され、あてがわれた高額所得者名簿を頼りに一軒ずつ訪問していく日々。山の上に大きな豪邸が建っており、見ると階段が百段くらいある。夏の暑い日でした。こんな炎天下で百段の階段を上っていくのは嫌だな、やめておこうと一瞬尻込みしましたが、これでもし他の誰かに取られてしまっては癪《しゃく》に障《さわ》ると思うと、駆け上がっている自分がそこにはいました。また、在宅の可能性の低い平日は残業しない代わりに、土日は休むことなく飛び込み営業に奔走しました。

最初はインターホン越しにけんもほろろに断られることも少なくなかったものの、チラシを投函したり、時に食い下がって話をしたりする中で、成約に繋《つな》げられるようになりました。

そのうちに心を覆っていた不満は消え去り、どこへ行ってもゼロからお客様を開拓できるという自信、強みが生まれたのです。まさに「**人間万事塞翁が馬**《じんかんばんじさいおうがうま》」だと思います。

かつて私がそうだったように、納得のいかない異動や転勤を命じられることも時にあるでしょう。しかし、そこで**愚痴ばかり吐き、やけくそになっては手の施しようがありません。逆にそこで成績を出し、期待に応えれば自らの仕事力が高まり、マルチプレイヤーに育つばかりか、どんどん登用され、引き上げられていく。**

社長や上司はその人の能力を見定めるために意図して人事を決めているのであり、**「いま自分は試されているのだ」**と思うべきです。**意に沿わない時こそ一所懸命やる。いま与えられた部署、役割の中で最大限の努力をすることが重要なのではないでしょうか。**

福地敏行
鬼上司の元で学んだ“犬ぞり理論”

福地敏行
ふくち・としゆき

日本アイ・ビー・エム取締役専務執行役員

昭和37年大阪府生まれ。60年大阪大学工学部卒業後、日本アイ・ビー・エムに入社。平成20年執行役員アウトソーシング事業部長、22年常務執行役員金融事業部長、26年専務執行役員インダストリー事業本部長、27年同取締役。

厳しい上司にいかに処するか

私が入社した昭和六十年は、日本ＩＢＭが大量採用を始めた年でした。当初約一万人だった社員数が、僅《わず》か五年間で約二万人に倍増したこともあり、同期は千七百人近くおり、たくさんのよき後輩にも恵まれた一方、上には十歳以上年の離れた厳しい幹部社員しかいませんでした。

営業部門へ移り、最初に五年間仕えた上司は、関西にその人ありと謳《うた》われたやり手でした。しかも、担当エリアの前任者で私の仕事を熟知している上に、口ぶりに容赦がなく、机を叩いて相手を罵倒《ばとう》するなどの厳しい指導にめげてしまう部下もたくさんおり、非常に手強《てごわ》い相手でもありました。

私がその上司に何とか仕えることができたのは、あの人は決して性格が悪いわけではない、会社のミッションのためにあえてそういう態度を取っているのだろう、と客観的に見ていたからです。とは言え、ずっと顔を付き合わせているのは正直辛《つら》い。そこで私は、自分のミッションを速やかにクリアし、少しでも早く退社できるよう、仕事には随分工夫を凝《こ》らしました。

特に心掛けたのは、その上司を普段からよく観察し、何に関心を抱いているかを掴《つか》んでおくことでした。そして**十の指示を受けたら、関心の高い三を最優先で処理し、本人の期待よりも早く高い品質で返す**のです。人間は同時に多くのことを記憶できないもので、あとの七は指示した本人も忘れていることもあり、さほど急がなくとも問題はありません。

これはお客様にも言えることです。すべてのご要請、ご依頼に漫然と対応していたら、きっと何時まで残業してもこなせなかったでしょう。けれども私は、上司の三とお客様の三、合計六に速やかに対応したおかげで、いつも仕事を早く切り上げ、連日のように後輩や関係会社の若手と飲みに行き、コミュニケーションを深めることができたのです。こうした仕事のやり方は以来ずっと続けており、間違いなく私の退社時間は役員の中で最も早いです。

南極の犬ぞり理論と上司の思い

営業マンとして常に私の念頭にあったのは、前任者から引き継いだお客様との関係をより深くし、ビジネスをより発展させることでした。何某《なにがし》かの自分の足跡を残してから後任に引き渡したいという思いから、お客様のもとには熱心に訪問を重ねたものです。

当時はセキュリティについての意識がいまほど高くなかったこともあり、ご担当者様と気心が知れてくると席まで入って行けましたし、未処理の書類箱に埋もれている自分たちの案件を優先していただくようお願いしたものです。

ただ、そうしてお客様のもとで多くの時間を費やしたのは、厳しい上司を避けたい気持ちの裏返しでもありました。その上司の下には私も含めて二十人近くのスタッフがいましたが、なぜか私には特別厳しく、提出した資料を皆の前で破り捨てられることもしばしば。あまりの仕打ちに頭にきて、部屋を飛び出したこともありました。


思い悩んで、その上司と仲のよい幹部の方に相談したところ、「福地、南極の犬ぞり理論を知っているか」と、次のような話を聞かせてくださいました。

南極の犬ぞりはたくさんの犬に曳《ひ》かせて走るが、そこで一番大事なのは先頭の犬だ。先頭の犬さえちゃんと走れば、他の犬は皆それについて走る。おまえには、先頭の犬のような役割を期待されているのだから頑張って走れ。このように励まされ、納得したわけではないもののの、悪い気はしなかったことを覚えています。

厳しくはありましたが、部下に要求する以上に厳しい条件を自らに課し奮闘するその上司を、私は一人のビジネスマンとして憧《あこが》れ、非常に尊敬もしていました。いまもプライベートで交流を続けていますが、我われを深い愛情を持って見守ってくださっていたことが、部下を抱える立場になると実によく理解できるものです。

〝押し〟と〝引き〟で会社とお客様の橋渡しを

営業に配属となり、最初の十年で担当させていただいたのはシャープ様でした。一つの会社を十年も担当することは稀《まれ》で、長きにわたる関係を築かせていただく上で、とても恵まれていました。

お付き合いするお客様も随分年の離れた方が多かったため、多忙な中で面会に応じてくださる際には、面会のポイントを事前に紙にまとめて提示するなど、シャープ様が日本ＩＢＭにとってのスペシャルなお客様であり続けるよう、努力を重ねました。

とりわけ腐心したのが、当社と先方との間にあるコミュニケーション・ギャップをいかに埋めるかということでした。

営業担当として、会社からは常に目標の達成を求められますが、私どもが扱っていた大型コンピュータは、いまの相場で一台数十億円もする高額なもので、お客様にそういった需要が頻繁にあるわけではありません。こちらの都合を一方的に押し通せば、せっかく築いてきた関係が潰《つい》えてしまう恐れもあります。**私は会社とお客様との橋渡しを懸命に努め、時には課せられた目標の内容や時期に意見した**こともありました。

いまのポジションに着任した時、私を選んだ理由を当時の社長・副社長（ともに外国籍）に伺うと、「ここだけは譲れないという時、おまえだけは顔を真っ赤にして反論してきたからだ」と言われました。当社にはそうした率直な物言いを歓迎する懐《ふところ》の深さがあり、「その進め方は受け入れかねます」という若い私の意見にも、真剣に耳を傾けてくれたのです。

代わりにそういう時には、次のビジネスに繋《つな》がる新しい芽を見出すことに注力しました。例えば、業界初の実験を実現する、これまで接点のなかった部門とのパイプをつくるなど、すぐに数字には結びつかなくとも、何か新しいこと、キラリと光ることを積み上げておけば、次の大きなビジネスに結びついていくものなのです。

そうした**〝押し〟と〝引き〟の機微**に通じたのは、宮城谷昌光《みやぎたにまさみつ》さんの一連の歴史小説でした。古代中国の英雄たちが、己の天命を全《まっと》うするため熾烈《しれつ》な押し引きを繰り返すストーリーに、仕事の疲れも忘れるほど魅了されました。

そうして培われた自分の哲学を、ともに働く若い部下たちとも分かち合いたいと思い、営業部長として初めて東京に赴任した時の歓迎会では、全員に次の言葉を印字した自作団扇《うちわ》をプレゼントしました。

「縁を重んじ／徳を積めば／運は開ける／焦らず驕《おご》らず／軸をぶらさず」

若い方々にも、ぜひこの言葉を心に刻んでいただき、よき人生を創造していただきたい。そう心から願っています。

渡邊直人
明確な目標を定め、何としても辿り着くという信念を持つ

渡邊直人

わたなべ・なおと

王将フードサービス社長

昭和30年大阪府生まれ。54年桃山学院大学を卒業後、王将チェーン（現・王将フードサービス）に入社。関東エリアマネージャー、常務を経て、平成25年前社長の大東隆行氏の死去に伴い、社長に就任。経営改革を断行し、令和5年3月期には過去最高の売上高930億円を記録。

創業社長との忘れ得ぬ出逢い

大学時代はいましかできない体験をしたいと、多種多様なアルバイトに励みました。多岐にわたる仕事の経験もさることながら、様々な人生を背負う方に巡り合ったことはかけがえのない財産です。中でも忘れられないのは、アイスクリーム工場で出逢った年配の男性です。

「世のため、人のために行動すれば必ずいいことがある。道端に転がるガラスの破片を拾うだけで構わない。その善良な行いは、巡り巡って必ず自分に返ってくる」

世のため、人のために生きる――。幸せな人生とは一体何かを探し求めていた私にとり、その言葉は脳裏に焼きついて離れませんでした。名前も覚えていない男性の言葉が、いまも変わらず人生の指針になっているのです。

就職活動では世のため、人のためになることの答えを模索し様々な企業を受けました。その中で偶然目にしたのが王将チェーン（現・王将フードサービス）でした。

七〇年代後半の王将は関西を拠点に約九十店舗、知名度も決して高くはないにも拘《かかわ》らず、求人欄には当時としては破格の初任給二十万円と記されていたのです。これは胡散《うさん》臭い会社に違いない、面接で全貌を暴いてやると意気込み、京都にある本社を訪ねました。

「なんや面接に来たんか。わしについて来い」

長靴を履き、手拭いを腰にぶら下げている。現場で働く装いをした偉そうなおじさんは異様なオーラを放っていました。やはりこの会社は普通ではない。そう確信し恐る恐るあとをついていくと、実はそのおじさんこそが創業社長の加藤朝雄だったのです。唖然《あぜん》とする私を横目に、創業者は一時間以上にわたって自らの夢を滔々《とうとう》と語りました。

「俺は庶民に、お腹いっぱい食べて幸せになってもらいたい。そんな日本一の餃子屋をつくるんや」

話が進むにつれて顔を赤らめ、ますます言葉に熱が帯びてくる。その真剣必死な姿に、あっと言う間に惹《ひ》き込まれました。この人についていけば、弱い自分も引っ張り上げてくれるのではないか。社長が思い描く夢を実現することで、世のため、人のために役立つことができる。この会社しかないと腹を据《す》え、入社を決断しました。一九七九年、二十三歳の時です。

人生の師と仰ぐ人物に巡り合えたことが、私の人生の大きな転機になりました。人生は人との出逢いによって形づくられるのだと、つくづく実感しています。

一つひとつの経験に意味がある

創業者が語った夢の通り、王将は関東進出に動き出していたものの、人手不足の感は否めませんでした。そこで白羽の矢が立ったのが、新入社員の私です。当時は営業部長だった大《おお》東《ひがし》隆行前社長から「東京に人がおらんから、応援に行ってくれ」と告げられました。

創業者の傍《そば》で薫陶を受けたいと思った矢先だけに、ためらいはありましたが、先輩がいない関東であれば、思わぬチャンスをいただけるのではないか。物事を肯定的に捉え、関東配属を選んだのです。

入社当時は料理の仕込みは当然のことながら、調理場や客席の掃除、雑用に至るまですべてやる。朝八時から夜中の三時頃まで働き詰めの過酷な毎日でした。加えて新しい社員ばかりでその場で助けてくれる人は誰もおらず、自ら考えて解決していかなければなりません。目標数字への重圧も相俟《あいま》って、時折焦燥感に苛《さいな》まれました。

それでも**挫けなかったのは、並外れた気魄《きはく》と情熱、不撓不屈《ふとうふくつ》の精神で実行し続けるリーダーの背中を目にしていたから**です。

創業者は世間から「高校も出ていない奴が成功したのは運がよかったから。王将はツキだけの商売や」と揶揄《やゆ》されていましたが、実際には陰で精いっぱいの努力をされていました。**目の前の仕事に汗を流すことはもちろん、私利私欲は一切なく、書店で本を買い漁り、絶えず修養を積んでいた**のです。

綺麗事《きれいごと》で終わらせず、夢を実現するために率先垂範《そっせんすいはん》で成功と失敗を繰り返す。まさに、行動ありきの「王将イズム」を体現する創業者の謦咳《けいがい》に接していたからこそ、信じた限りは文句を言わずにやり遂げようと、一層情熱を燃やして仕事に向き合っていきました。

お客様に喜んでほしいという一心で調理技術の向上を図り、後輩・アルバイト問わず頭を下げて教えを請いました。また、有り金をはたいて全国各地の一流店を渡り歩き、貪欲《どんよく》に学び取っていったのです。おいしさの追求は私の天職だと思い、創業者や大東前社長ならどうするのかを常に考えて試行錯誤を重ねたことが、確かな自信とやりがいに繋《つな》がりました。

たとえ**理不尽な扱いを受けたとしても、その一つひとつの経験に必ず意味があると信じ、不平不満を言わずに打ち込むことで、すべてが人生の糧になりました。**やはり、**一所懸命やり抜くことで答えや知恵が生まれてくる**ものです。

必ず実現すると決めて打ち込む

二十六、七歳で東京を任せていただくようになった頃には、経営者として理念を受け継ぎ、発展させたいという気持ちを明確に抱いていました。そのため、当時の東京には二十軒ほどしかありませんでしたが、王将を日本一にするために二十四時間思案を巡らせ、次々と提案していったのです。

ちょうどバブルの時代に差し掛かり、東京の店舗はどこも満員御礼、多少値段を上げてもお客様は絶対に途絶えない自信がありました。そこで、関西よりも概《おおむ》ね五十円から八十円の値上げを持ちかけましたが、打診するや否や役員からは烈火の如く叱《しか》られ、悉《ことごと》く反対される有り様でした。

けれども一歩も譲らず、各店舗に声を掛け、客単価や客数をはじめとしたあらゆるデータを算出。このデータを携えて、創業者に直談判しました。

「できへんかったら弁償できるんか?」と問い質《ただ》されても、「もちろんです。給料で足りなければ、ローンを組んででも払います」と言い返す。現場でお客様と直に接してきた肌感覚と数字に裏打ちされた自信、そして自分を信頼してくれる仲間の思いに報いたい。その一念から湧き上がる情熱が、創業者の心を動かしたのでしょう。「そこまで言うならやってみろ」と許可をいただきました。

幸いなことに値上げは奏功し、年間百四十～百五十％の増収増益、店舗拡大を後押しする大きな足がかりとなりました。

こうして振り返ると、**最後は胆力で覚悟を決め、決断を下すしかない**のだと実感します。実は決断の時点で正しい選択はありません。**大事なのは、決断したことを正解にするために何をするのか**、です。具体的にポジティブに仕掛けていけば、自ずと結果はついてきます。

実は東京を一任された後、プレッシャーのあまりに十二指腸潰瘍《じゅうにしちょうかいよう》を患い、時折吐血することもありました。しかし腹を括《くく》った以上、逃げ出すわけにはいきません。お客様の幸せに思いを馳《は》せ、次から次へと策を講じることで、二〇一〇年頃には関東に約百四十軒の店を構えるまで発展を遂げました。

明確な目標を定め、何としても辿《たど》り着くという信念で工夫を凝らし続けることが、よりよい成果に繋がるのではないでしょうか。

和地 孝
与えられた仕事・課題をすぐに実行する

和地 孝

わち・たかし

テルモ名誉会長

昭和10年神奈川県生まれ。34年横浜国立大学経済学部卒業後、富士銀行(現・みずほ銀行)入行。54年ハーバード大学ビジネススクールに留学し、米国駐在。63年同行取締役。平成元年テルモに常務として出向し、専務、副社長を経て、7年社長。16年会長兼CEO。同年、人づくり経営研究会設立。20年旭日中綬章受章。23年名誉会長。

「苦労は買ってでもせよ」と言われる理由

もともと銀行マンになるつもりはなく、メーカーへの就職を希望していました。にも拘《かかわ》らず、なぜ富士銀行（現・みずほ銀行）に入ったのか。それは大学のゼミの先生で、後に学長を務める黒沢清先生との出逢いが大きく影響しています。ある時、黒沢先生はこう言われました。

「日本は戦争に負けて何もかも失った。これからの日本を立て直すベースは金融だ。銀行がお金を集めて、そのお金で企業を支援していくことによって、日本の経済は復興する。だから銀行へ行け」

恩師のこのひと言に心を動かされたのです。黒沢先生の紹介で富士銀行の調査部長の方に話を伺った際、性に合いそうだなと直感し、面接を受けることにしました。

いま考えても、この決断は間違いなかったと断言できます。富士銀行は当時業界トップだったのですが、役職や年齢といった上下関係に囚《とら》われず、若くても様々な仕事を経験でき、自分の意見を上司に言える自由闊達《かったつ》な雰囲気があり、活気に満ち溢《あふ》れていました。そういう環境に身を置くことで、私自身成長させてもらったと実感しています。

ですから、経営不振に陥っていたテルモの再建を任された時も、そのような企業風土を築き上げげたいとの思いで様々な改革を断行し、結果的に数十億円あった赤字を解消して三百五十億円の利益を出すことができました。

会社を選ぶ時にはもちろん業績も一つの指標ですが、やはり最も肝心なのは社風だと思います。

最初の配属先は東京下町にある三ノ輪《みのわ》支店でした。逗子《ずし》で生まれ育った私には縁もゆかりもなく、三ノ輪と聞いてもどこにあるのかすら分からない。調べてみると、家から通える距離ではありません。「なんでこんなところに」と初めのうちは疑問を抱いていました。

ところが、後で分かったのは、**新人を育てるために敢《あ》えて厳しい仕事を与えて苦労させる**という方針があったのです。「若い時の苦労は買ってでもせよ」という言葉の通り、これは非常に大事なことだと思います。

実体験で掴んだ人の使い方

半年間、支店の出納《すいとう》係として現金授受の仕事に携わった後、荒川区役所に設置された出納派出《はしゅつ》所での勤務を命じられました。それまでの慣例として大卒が派出されることはなかったため、またしても「なんで俺が行かなきゃいけないんだ」とふて腐《くさ》れながら、毎日を過ごしていました。我慢ができず、ある時、「どうしてなんですか？」と次長に尋ねると、思いも寄らない答えが返ってきました。

「派出の仕事の〝手続集〟がない。いままで誰もつくってこなかった。だから、おまえにつくってほしい」

果たすべきミッションが明確になった瞬間でした。それからというもの、毎晩寮に帰ると目を輝かせながらマニュアル作成に没頭し、一か月ほどかけて完成させました。すると、提出した次の日に支店へ戻ることになったのです。

この体験を通じて、人の使い方を学ぶことができました。**上司は部下に仕事を与える場合、目的を伝えることがいかに大切か**。何のためにやるのかがはっきりと分かれば、部下は俄然《がぜん》やる気を出して仕事に打ち込むものだからです。

もし私が最初から楽な道を歩んでいたら、いまだに人の使い方が分からない人間になっていたかもしれません。ゆえに、**厳しい仕事や意に沿わない出来事に直面した時には、これは自分を鍛え上げてくれる絶好のチャンスと受け止め、前向きに挑んでいく**姿勢が何よりも重要なのです。

犠牲を厭わず仕事を一気呵成にやり切る

三ノ輪支店で四年間働いた後、丸の内支店に異動し、次に労働組合の組織部長を務め、三十歳の時に全店の業務を統括する業務企画部に配属されました。

ところが、です。前任者からの引き継ぎは一切なく、驚いて上司に尋ねると、「仕事は自分で考えろ。引き継ぎ事項はなし」。右も左も分からない状態だったものの、「自分はいまここで何をやるべきか」を一所懸命考えていきました。

ある時、上司に「君はどんなことを考えているんだ?」と聞かれ、いくつか意見を述べると、「それはいいじゃないか。できるだけ早く書類にしてくれ」と言ってくれました。その日は上司が飲みに連れていってくれ、深夜に帰宅したのですが、翌朝出勤すると、上司は開口一番、「昨日言っていた書類はどうした?」。「いや、だって昨日は零時過ぎまで一緒に飲んでいたじゃないですか。冗談はやめてください」と言い返すと、「一時から九時まで何時間あると思っているんだ。書類の一つくらいつくれるだろう」。

その日以来、上司との飲み会を終えて夜遅く帰宅すると、家内に鉛筆を削ってもらい、睡眠時間を犠牲にして必死に書類をつくり、翌朝提出する。こういう生活を三か月間続けたところ、認めてくれたのでしょう。上司は何も言わなくなりました。この一対一の特訓によって、どんなに酒を飲んでも翌朝までに一気呵成《いっきかせい》に仕事をやり切る体質が身につき、自信を得ることができたのです。

その後、国際部に異動した際にもこれが非常に役に立ちました。ある時、副部長から「組織改正をやりたいから考えておくように」と指示があり、その日はそのまま飲みに連れていってもらいました。日付が変わってからの散会だったため、いまから家に帰っていたら間に合わない。そこで急遽《きゅうきょ》近くのホテルに宿泊し、八つほどの案を書類にまとめて翌朝提出すると、副部長から感嘆され、次第に認められていきました。

与えられた課題や仕事をすぐに実行する、犠牲を厭《いと》わず一気呵成にやり切る。それが相手の期待を超える成果を生み、さらなる成長に繋《つな》がっていくのです。

若い人にいつも言っていることですが、**人生で無駄になることは何もない。無駄にしてしまうかどうかは自分の気持ち次第**。だから、選《え》り好みせず、一見つまらないことや難しいことにも挑戦する。そこから何か一つでも学び取るという気概を持って一所懸命やる。この心掛けで歩んでいくことが不可欠だと思います。

上甲 晃

松下幸之助が新入社員時代に語ったこと

——仕事をする上での四つの心構え

上甲 晃

じょうこう・あきら

志ネットワーク「青年塾」代表

昭和16年大阪市生まれ。40年京都大学卒業と同時に、松下電器産業（現・パナソニック）入社。広報、電子レンジ販売などを担当し、56年松下政経塾に出向。理事・塾頭、常務理事・副塾長を歴任。平成8年松下電器産業を退職、志ネットワーク社を設立。翌年、青年塾を創設。

二つのことを守り続けると、組織で重役になる

二十代に限らず、私が人生で最も影響を受けたのは、松下幸之助に他ならない。大学で様々な専門の知識を勉強したが、本当の生き方を教えられたのは会社に入ってからであり、もっと言えば、松下幸之助と出逢ってからである。

とりわけ心に深く刻まれているのは新人研修での訓話だ。正確な言い回しは忘れてしまったが、**「君らな、僕がいまから言う二つのことを守り通したら、松下電器の重役になれる」**といったような前置きをした上でこう言った。

「一つは、いい会社に入ったと思い続けられるかどうかや」

誰でも入社したばかりの時はいい会社に入ったと思う。しかし、嫌な上司がいたり、意に沿わない仕事をさせられたり、様々な不遇に遭う。それでもなお、いい会社を選んだと心から思えるかどうかはすごく大事なことだ、と。

「人間、九割は自分ではどうにもならない運命のもとに生きている。その運命を呪《のろ》ってはい

けない。喜んで受け入れる。すると、運がよくなる」とも教えられた。世に数百万社あるといわれる中で、この会社に入ったというのは、縁や運としか言いようがない。その自分の運命を呪わず、前向きに喜んで受け止めていくと人生は好転する。

これは会社のみならず、生まれた国や自分の容姿など、あらゆる境遇に当てはまると学んだ。

「もう一つは、社会人になってお金が一番大事と思ったらあかんぞ。もちろんお金も大事やけどな、お金は失くしても取り戻せるんや。しかし、人生にはこれを失うと取り戻すのに大変苦労するものがある。それは信用や。信用を大事にせなあかん」

この二つの言葉に強烈な衝撃を受けた。同時に、私の社会人生活の基本、考え方の根っこになった。不思議なもので、後年同期にこの話をしたところ、皆覚えていないと言う。当時の私は松下電器に入社したからには、重役になろうと思って真剣に聞いていたのだろう。そこだけ鮮明に記憶していた。

どういう意識で過ごしているか、すべては受け手の姿勢次第なのだとつくづく感じる。

意識は社長、上司は使うもの

別の日の研修で、松下幸之助は仕事をする上での二つの心構えを説いた。それもまた、私の社会人生活の基本的な心構えとなった。

「君らの立場は一新入社員やな。しかし、意識は社長になれ」

新入社員とかサラリーマンだと思って働いていると、意識まで雇われ人、使われ人になってしまう。だが、社長の意識になると、同じものを見ても景色が違ってくる。松下電器製のネオンの一角が消えていたとしよう。一社員の意識だったら消えていることに気づきもしない。万一気づいても「消えてるな」としか思わない。無関心である。しかし、社長だったら絶対にこう言う。「おい、うちのネオンが消えとるぞ。直せ」と。つまり、当事者意識に変わるのだ。

その日以来、私の意識はずっと社長だった。経営方針発表会の前日には、誰に言われたわけでもないのに、もし自分が社長だったらどんな方針を発表するかを考え、それを書いて当日に臨んだ。そうすると、「なるほどな。社長はいまそんなふうに考えとるんか。そういう見方もあったか」と自分との差に気がつく。ただ受け身で社長の話を聞き、ノートに写すだけでは得られない学びである。

あるいは、松下幸之助が現場視察に訪れた時など、大抵の人は畏《おそ》れ多くて二歩も三歩も後ろに下がるが、私は逆に松下幸之助の後ろにピタッとつき、何を質問するか、どんなことを指摘するか、どこを見ているかを徹底して研究した。胡麻《ごま》を擂《す》るわけでも何でもない。**その一挙手一投足から経営者としての物の見方、考え方を盗み取ろうと必死だった**のである。

もう一つの心構えは、**「上司は使うもんや」**ということだ。私が松下電器での三十一年間を心から楽しく過ごせたのは、徹底して上司を使ってきたからだろう。**自らに強い思いがあると上司を使える**。しかし、強い思いがないと上司に使われてしまう。

一年間の研修を終え、私は本社報道部に配属された。そこで毎朝同じ人ばかり課長に叱《しか》られていることに気がついた。私から見たら真面目に仕事をしているあの人がなぜいつも叱られるのか。じっと観察して分かったのは、言われたことだけをやっているから叱られるということだった。

言われたことだけをやっているうちは受け身になる。これは精神衛生的に極めてよくない。自分から提案しよう。そう思い、例えば社内報にアメリカの記事を掲載する際、従来は電話で聞いて書いていたのだが、「それじゃあ本当の記事は書けません。やっぱり大事なことは現地に行ったほうがいいんじゃないですか。課長、私にぜひ行かせてください」と切り出した。するとと課長は、「そんな急に言われても、俺も行ったことないからな」と言う。そうなったらこっちのもので、「課長、先日の件は進めてくれましたか」と主導権を握ることができる。

このように、とにかくやりたいことを自分から提案していたため、**私は新入社員の頃から上司に命令されて仕事をした記憶がない**。

仕事を本物にするのは担当者

本社報道部に配属されて半年ほど経った時のこと。先輩の主任が「社内報の編集という仕事は松下電器の中ではエリートじゃない。傍流《ぼうりゅう》だ」としょっちゅう愚痴《ぐち》をこぼしているのを聞き、私はどうしても我慢できなかった。意識は社長だったからである。思わずこう言い返した。「じゃあ聞きますけど、あなたは傍流でなくするために、どんな努力をしているのですか」。

主任は答えに窮《きゅう》した。「それを聞くまで帰れません」と言い放ち、一つ上の先輩と共に、その主任を旅館に監禁したことはよき思い出である。その時、私は「よし」と一つの決意を固めた。「傍流ではなく本流にするために、経営を動かす社内報をつくろう」と。

爾来《じらい》、異動するまでの十二年間、私はその目標に向かって挑戦し続けた。社内報は社員の誰々が結婚したとか、言ってみればおめでたいことしか載っていないから読まれない。会社の課題に鋭く切り込んでいけば絶対に皆が読むはずだ。そういう思いのもと、経営の核心に迫る誌面づくりに腐心《ふしん》した。

中でも思い出深いのは、二十五人の先輩役員を跳び越えて、山下俊彦さんが社長に抜擢《ばってき》された時のこと。三十代半ばだった私は山下社長にこう直言した。

「十万人も社員がおったら、社長というのは雲の上の存在です。だけど、そうじゃなくて、現場の第一線に山下新社長が自ら足を運んでいただき、従業員と懇談する。その様子を社内報で大々的に取り上げさせてください」

これに山下社長が乗ってきて、社内で一番日の当たらない工場を手始めに、「山下社長の職場訪問」というキャンペーンを展開した。これが山下社長の手掛ける経営改革の潤滑油《じゅんかつゆ》となり、社内に松下電器は変わるぞという雰囲気が醸成《じょうせい》されたと自負している。

経営の核心に迫り過ぎてしまったがために、発行禁止となって刷り直したこともしばしばあるが、そういうリスクを背負いながらも、価値あるものをつくりたいとの思いから、非常に挑戦的な姿勢で仕事に立ち向かっていった。また、当時の松下電器には、そういう挑戦を認める雰囲気があったのだ。

やらされていると思ってやる仕事は重荷。やりたいと思ってやる仕事は喜び。仕事の内容は一緒でも、考え方一つで取り組む姿勢に天と地ほどの差が生じる。何事も主人公意識を持って挑むことが重要である。

第2章

自分の仕事は自分でつくる

鈴木 喬
修羅場を潜り抜けた経験が、勘と度胸を磨く

鈴木 喬

すずき・たかし

エステー会長

昭和10年東京生まれ。34年一橋大学商学部卒業後、日本生命保険相互会社入社。60年3月エステー化学(現・エステー)入社、平成10年社長就任後は、商品の品種を3分の1に絞り、新商品を年間1品に集中して売り出すなど大胆な経営改革により、高収益体質に変革させた。19年に社長を退くも、リーマン・ショックを機に21年会長兼社長に就任。24年より現職。

人類は常に危機の連続

百年に一度と言われたリーマン・ショック、千年に一度と言われた東日本大震災。時代を遡《さかのぼ》っても、戦争や疫病など人類の歴史はいつだって危機の連続だった。しかしその度に、人類は困難を成長の糧《かて》とし、躍進してきた。

よく「昭和の時代はよかった」というが、僕は「嘘《うそ》をつけ」と思う。昭和以前を知らないから比べようがないけれど、それでも現代ほど素晴らしい時代はないだろう。

第一、餓死《がし》する人がいないし、失敗しても命までは取られない。僕ら昭和初期に生まれた世代は幼少期から常にお腹《なか》を空《す》かせており、ドンパチドンパチ戦争が起こっていた。戦後は傷痍《しょうい》軍人や戦災孤児があちこちにいて、**皆が生きるか死ぬかの日々を必死に生き抜いてきた。**

親父は戦前、いまでいうドラッグストアのような小さな雑貨屋を東京・原宿の明治通り沿いで営んでいた。僕は昭和十年一月に生まれ、物心つく頃から店には番頭さんと丁稚《でっち》どんと女中さんがいて、繁盛していたと記憶している。

ところが戦争によって、何もかもが焼けてなくなってしまった。三人の兄は出征や勤労動員でいない。山梨県に縁故疎開《そかい》していた僕は終戦直後に東京に戻り、露天商を再開した父を手伝うことになった。十歳の時である。露天商といえば聞こえはいいが、道端に板切れを敷《し》いて、伝手《つて》を頼って仕入れた石鹸《せっけん》、蝋燭《ろうそく》、ポマード（整髪料）などを販売していた。杉の皮を重ねた僅か二畳程度のとんとん葺《ぶ》きに、一枚の布団にくるまって寝る生活だったが、その頃はどこの家もそんな状況で、辛《つら》いとか苦しいと思ったことはない。

しばらくして家族が東京に戻ってきた。戦時中も大事に守っていた母の嫁入り道具の着物が虫に食われていたのをきっかけに、薬学部出身の次兄と工学部に進んだ三番目の兄が中心となって、一九四六年に防虫剤などの製造を行うエステー化学工業を興した。これが我が社のスタートである。

野放図に過ごしたニッセイ時代

僕は小学校も中学校もろくに通った記憶がない。疎開者だというだけで、同級生や先生から執拗《しつよう》ないじめを受けていたし、戦後の混乱の中で学校どころではなかった。何とか大学に進学する頃には家業は順調に成長していたものの、幼い頃から親父が資金繰りで汲々《きゅうきゅう》とする姿を目にしていた上に、家族団欒《だんらん》などなかった。それに嫌気がさして、大学時代にはサラリーマンに憧《あこが》れを抱くようになっていた。

勉強の得意でない僕でも活躍できそうな就職先を探す中で、ベンチマークとしてアメリカの企業を徹底的に調べ、金融業界の中でも圧倒的な長期安定資金を持つ生命保険の分野がこれから伸びると目をつけた。そして、国内で一番規模が大きいという理由で入社したのが日本生命保険だった。

これから先の世の中がどうなるかも分からない中で、夢や志があったわけではない。保険業界は戦時中、軍需産業の反対である平和産業に指定されていたため若い男性はほとんどおらず、とにかく女性の城だった。ここなら自由に振る舞えると感じて入社を決めたのだから、お世辞にもいい社員だったとはいえない。上役がほとんど社内にいないのをいいことに、約三十年近いサラリーマン時代は野放図《のほうず》に好き勝手やっていた。

営業の極意は喋らないこと

とはいえ、仕事は非常に面白く、成果も上げてきた。ニッセイは個人保険では国内トップを誇っていたものの、法人保険では後塵《こうじん》を拝していた。そこに目をつけ、持ち前の型破りな思考で、四十歳の時に法人事業を立ち上げた。そして社員数一万人以上の会社をリストアップし、何度追い返されようとも訪問を続けた結果、年間一兆円超の企業保険契約を受注するトップセールスマンへと駆け上がった。

僕の営業力はどこで鍛えられたのか。そう考えると、学生時代のグランドホッケー部の経験は大いに活きた。ＯＢを回って活動資金を掻《か》き集めたり、新入部員を集めるために大風呂敷を広げて勧誘していたからか、自然と営業力、組織力を肌で学ぶことができていた。

営業力とはつまるところ調査と情報だ。重要な人に会ったら、黙って相手の話に耳を傾ける。そして**「なるほど」「それで」「さすが」**、この三言しか口にしない。相手に話をさせることで、相手が望む情報が何なのか、何を求めているのかを引き出すのだ。

できればその企業の社史や有価証券報告書、十年分の新聞記事を読み込んでから臨むといい。相手以上に相手の企業を熟知できていれば、掴《つか》んだ情報を小出しにするうちに、「こいつは使える」と思ってもらえる。結局、営業の極意は喋《しゃべ》らないことに尽きる。どの業界を見渡しても、よく喋るトップセールスマンはいないだろう。

情報は偉い人からしか取れない。これも僕の営業の鉄則で、だから常に役員クラスの人のところへ押しかけた。おかげで随分と図々しさだけは鍛えられたものだ。

そうした無茶苦茶な営業ができたのは、**「運と愛嬌《あいきょう》」**があったからだろう。フランス革命期の英雄・ナポレオンも**「将軍を選ぶ基準は運が強くて愛嬌のあること」**と言ったというが、僕は人に恵まれた。大企業の社長は大抵猫の手も借りたいほど忙しいが、**社長から「こいつを何とかしてやらなくちゃ」と思ってもらえる愛嬌は重要なポイントだ。**

運と勘と度胸

兄に請《こ》われる形でエステーに入社したのは一九八五年、五十一歳の時だった。エステーでも自己流のスタイルを押し通したため、反対者は多かった。しかし、バブル崩壊後の業績不振を立て直すためには、あの〝とんでもない奴〟に任せるしかないと社内の意見がまとまり、六十三歳で社長になった。以降、有無を言わせず、会社に大きくメスを入れてきた。

役員を半減させた他、八百六十種あった商品を二百八十に絞り、工場も二か所閉鎖するなど、筋肉質の会社にするため、思い切った決断をした。生き残りをかけて、年間六十種出していた新商品を一つに絞り込み、経営資源を一点集中させた。そうして誕生したのが「消臭ポット」である。当初反対意見ばかりで、誰もが一千万個という年間販売目標を信じなかったが、一点集中という戦略が時代に合致し見事達成。異例の大ヒットとなって、会社は窮状を脱した。

その後発売した「消臭力《しょうしゅうりき》」、特に冷蔵庫の脱臭剤「脱臭炭《だっしゅうたん》」やお米の虫よけ「米唐番《こめとうばん》」といった新商品はおかげさまで現在八割のシェアを占めている。最後発で市場に参入したエステーがそれを成し遂げられたのは、**選択と集中**ができていたからだろう。**経営者の仕事とは、畢竟《ひっきょう》「決断」だ。**

加えて大切なのは**「運と勘と度胸」**、ドシッと肚《はら》を据《す》えること。**ちょっと図太いほうが、何事もうまくいく。**ひと昔前には「盲蛇《めくらへび》に怖《お》じず」と言ったように、無知ゆえに恐れを知らず、常識に囚《とら》われることなく突き進むことができた。いろんな修羅場を潜《くぐ》り抜けた経験があれば、勘も度胸も磨かれる。

とにかく僕がいつも言うのは、最悪の場合を考えろということだ。仕事に失敗したからといって、命までは取られない。会社に勤めていたら、命どころか給料がなくなる心配もない。そう思えば、気楽なものだ。失敗したって首の皮一枚で繋《つな》がる。いけしゃあしゃあと厚かましく生きればいい。

菊間千乃
目標とは
自ら勝ち取るもの

菊間千乃

きくま・ゆきの

弁護士

東京都生まれ。平成7年早稲田大学法学部卒業。フジテレビ入社。4年目、番組の中継中に5階建てのビルから転落、腰椎圧迫骨折の重傷を負う。復帰後に司法試験の勉強を始め、19年フジテレビ退社。22年2度目の挑戦で合格、弁護士に。23年松尾綜合法律事務所に入所。令和4年同代表社員就任。著書に『私が弁護士になるまで』(文藝春秋)など。

快く答えたくなるインタビュアー

辛《つら》いこともたくさんあったけれど、念願だったフジテレビのアナウンサーとして全力で駆け抜けた色鮮やかな楽しい十年間だった。これが私自身の二十代を振り返っての感慨です。

アナウンサーを目指すようになったのは、小学校三、四年生の時でした。高校バレーボールの監督として有名だった父のもとには、いつもたくさんの人が取材に訪れていました。ところがその様子をテレビで観ていると、ある記者の質問には丁寧に答えるのに、別の記者への対応は素っ気ない。子供心に疑問を抱き、「お父さん、差別はよくないよ。どの人の質問にもちゃんと答えるべきじゃないの？」と尋ねました。すると父はこう語り聞かせてくれたのです。

「普段からバレーボールのことを熱心に勉強し、試合に何度も足を運んでくれる記者には、いい記事を書いてほしくてたくさん話したくなる。しかし、ただ会社に言われて来ているだけで、バレーボールに興味もなく、的外れな質問ばかりする記者には、無駄な時間を使いたくないんだ」

この話に、私は深く納得させられました。父は昭和一桁《けた》生まれの頑固親父で、家の中では寡黙な人でした。そんな父を饒舌《じょうぜつ》にする記者の力に感動し、心掛け一つで相手の心を開かせ、いろいろな話を引き出せるインタビューの仕事に興味を抱いたのです。

「目標」と「願望」の違い

そういう意識でテレビを観ると、アナウンサーはインタビューもすれば、ニュースを読んだり海外リポートをしたりと、幅広く活躍している。アナウンサーになれば様々な経験をすることができると思い、春の高校バレーを放送していたのがフジテレビであったことから、「フジテレビのアナウンサーになりたい」と思い定めました。また、テレビで活躍している人は早稲田大学出身者がとても多いことに気づき、「大学は早稲田以外にあり得ない」と心に決めたのも、小学生の時です。

あいにく現役合格を果たすことはできませんでした。私の学年は学校の勧めに従い合格した大学に進学する生徒が大半でした。けれども私はそれが絶対に嫌でした。小さい頃からの夢を諦《あきら》めたくなかった。自分の意志で浪人を選択し、一年後に無事早稲田大学に入学をしました。
思えば、この選択が最初の自分の意思表示でした。もしあの時、妥協していたら、全《まった》く違った人生を歩んでいたかもしれません。自分の意志を貫き、結果を出したことが自分に対する大きな自信に繋《つな》がったのは間違いありません。

目標と願望は違います。目標とは勝ち取るものだと考えています。**いつかこうなりたいと漠然と思っているだけでは、いつまで経っても実現することはできません。大切なのは、未来のゴールを具体的に決めること**。そうすればいつまでに何をやればいいのかが明確になり、そこに向かって努力することができます。

三十八歳で司法試験に合格した時もまさにそうでした。一度目は勉強をやり切れず、自信を持てないまま臨んで結果も伴いませんでした。二度目の時には、これで落ちたら仕方がないと思えるくらいまで徹底的に勉強して、合格を掴《つか》み取ることができました。
目標が高ければ高いほど、挑戦するのは大変です。そこから**逃げずに一所懸命努力したかどうかは、自分が一番よく分かっている**ものです。**極限の状況に追い込まれた時、自分を支**

えるものは自信です。自信とは自分の可能性を信じる力のこと。そしてその自信は、徹底的にやり切るところから生まれるものだと思います。

主体的に取り組んだ仕事には苦痛を感じない

何のためにアナウンサーをやっているんだろうか……ものすごく辛《つら》くて、悔しくて、辞めたいと思いながら泣いたことも一度ではありませんでした。

そんな折、取材で一緒になったディレクターから、「企画書を書いてみたら？」と勧められました。脳裏に浮かんだのは、以前機内誌で読んだ埼玉県長瀞町《ながとろまち》にある老舗かき氷店・阿左《あさ》美《み》冷蔵さんでした。同店の四代目当主・阿左美哲男さんは、百年に一回ほどしか取れないという濁《にご》りのない天然氷づくりに人生を懸けている方です。その姿を一年かけて追うドキュメンタリー番組を企画したところ、採用されたのです。

あてがわれた予算は四百万円。ディレクターとカメラマンと音声さんで四人のチームを組み、そこから一年間、情報番組を終えた土曜日の午後と日曜日に、長瀞まで車を走らせて取材を重ねました。ご家族の猛反対を押し切り、一流電機メーカーを辞めて家業に入った阿左美さんと意気投合し、取材が終わる度に囲炉裏《いろり》を囲んでお互いの悩みを打ち明け、励まし合ったものです。

一年間ほぼ休みなしでしたが、自分で企画した仕事のため苦痛は全く感じませんでした。無事撮影が終わってテレビで放送され、冒頭で「企画・菊間千乃《ゆきの》」というテロップが流れた時の感動は、いまでも忘れられません。

本当にやりたい仕事を自ら掴み取った喜びから、それまで嫌だと思っていた他の仕事まで楽しくなり、前向きに取り組めるようになりました。その姿が他のプロデューサーの目に留まり、三年目から「めざましテレビ」に出演したことをはじめ、人気番組に次々と抜擢《ばってき》されるようになったのです。

初心を胸に仕事に挑む

この話には後日談があります。ドキュメンタリー番組の放送からしばらくして、あるテレビ雑誌の方が「菊間さんにお礼を言いたい」と訪ねてこられました。

その方は家業の八百屋に誇りを持てず、故郷を飛び出して東京の大学へ進学されました。ちょうどその時に私の番組をご覧になって、一つのことを実直にやり続ける格好よさを知り、初めてお父様のことを尊敬できるようになったと、わざわざ感謝を伝えにきてくださったのでした。**思いを込めてつくったものは、必ず誰かが見てくれている。そして思いがけないところでご褒美をいただける**のだと学びました。

この出来事を通じて、アナウンサーを目指したもう一つのきっかけをふと思い起こしました。

先述の通り、小学生の時にフジテレビのアナウンサーになると決意したものの、就職活動の時期を迎えると、なりたいと思ってなれる職業でもないという現実が見え始め、保険をかけるため他の業界の資料を集め始めていました。

その矢先にテレビで観たのが、骨髄《こつずい》バンクの特集番組です。そこに登場したのは白血病を患《わずら》った私と同い年の女性で、骨髄バンクへのドナー登録を呼びかけていました。免疫力が極度に低く、風邪をひくだけでも命取りになりかねない重篤《じゅうとく》な病であるため、病院の無菌室にいたほうが安全であるにも拘《かかわ》らず、敢《あ》えてリスクを冒して全国を飛び回っている。

彼女は自分の治療には間に合わないかもしれないことを覚悟した上で、一人でも多くの人にドナー登録をしてもらい、今後自分と同様に若くして白血病を発症した人が病を克服し、健常者と同様に豊かな人生を歩めるようになることを願って活動していたのです。

並々ならぬ思いに心を打たれ、初めてテレビ局に電話をして、ドナー登録の仕方を問い合わせ、翌日に登録を済ませました。その帰り道、私に行動を起こさせたテレビの力の大きさを再認識しました。そして、それまで集めていた他の業界の資料を全部捨て、テレビ局一本に絞って就職活動をすることにしたのです。

自分がテレビを通じて何かを伝えることによって、人が動き出すきっかけをつくりたい。その思いを面接でお話ししたところ、フジテレビへの入社が叶ったのでした。

周囲に反対されたからとか、いずれＡＩに取って代わられる仕事だからといって、やりたいことを諦めるのは非常にもったいないことだと思います。**自分がどういう人生を歩むかを決めるのは自分自身。自らの意志で選択した人生をひたむきに生きている人はとても輝いているもの**です。

たった一度きりの人生ですから、自分の気持ちを大切にして行動し、昨日よりきょう、きょうより明日と成長していってほしい。そして心の底から納得できる、大変なことも含めて楽しいと思える人生を歩んでほしいと願っています。

青木仁志
事実は一つ、解釈は無数

青木仁志

あおき・さとし

アチーブメント社長

昭和30年北海道生まれ。10代からセールスの世界に入り、日本ブリタニカ、国内人材開発コンサルティング企業を経て、62年32歳でアチーブメントを設立。平成22年から3年間、法政大学大学院政策創造研究科客員教授として「経営者論特講」の講座を担当。

三歳で両親が離婚、高校を中退して……

私は北海道函館市の貧しい家庭に生まれました。三歳の時に両親が離婚し、父と再婚相手の三人で暮らすようになったものの、継母は私に非常に厳しい〝訓練〟を課しました。また、生活が安定せず、パンの耳を十円で買って食べる極貧生活を余儀なくされ、私も小学校高学年から新聞配達をしながら家計を支えていました。

しかし、次第に東京にいる実母に会いたいという気持ちが募《つの》り、遂に十七歳の春に高校を中退し家出を決行。フーテンバッグを片手にアルバイトで貯めたお金をポケットに入れて、青函連絡船に乗り込んだのです。住み込みで働ける仕事を友人に紹介してもらい、履歴書が不要だった東京八王子市の鉄工所で働き始めました。

その年の夏のことです。ある女性が私を訪ねて会社にやってきました。「仁志《さとし》、本当に仁志かい？」。涙を浮かべたその女性は何と実母でした。私が祖父宛てに出した手紙の消印が八王子であったことを手掛かりに、八王子にある鉄工所を一軒一軒探し歩いて、私を見つけ出してくれたのです。

これが私の人生において大きなターニングポイントとなりました。もしこの時に母の愛を知ることができていなければ、全《まった》く違う人生になっていたことでしょう。

その後は母に引き取られ、母と共に喫茶店を始めることになりました。その喫茶店の仕事を通じて出逢ったのが、高級日用品雑貨を販売する会社のある社長です。私はその方の立ち居振る舞い、考え方などに強く惹《ひ》かれ、弟子入りする形で雇ってもらいました。

十八～二十歳という多感な時期に、鞄《かばん》持ちとして本当に貴重な経験を積むことができました。香港出張にも二十回近く随行する機会を得、ビジネスのイロハ、営業の基本を叩き込まれたのです。

何よりもありがたかったのは、きちんとした教育を受けてこなかった私に、礼節を一つひとつ丁寧に教えてくれたこと。例えば喫茶店で食事をする際、こんなことがありました。

「仁志、お前は何を食べるんだ」

「社長は何を食べるんですか？」

「俺はハンバーグライスにする」

「じゃあ、社長と同じでいいです」

そう答えたところ、

「馬鹿もん！　奢《おご》ってもらうのに目上の人と同じというのは百年早い。ワンランク下げろ」と叱られ、サンドイッチを注文したのを克明に覚えています。他にも箸《はし》の持ち方など、非常識な私を一から教育し直してくれました。

身に余るほど目を掛けていただきましたが、いま思えば**その最大の理由は相手に喜んでもらいたい一心で、鞄持ちに徹し切っていたからでしょう**。そうした私の姿勢を評価して、起業を勧めてくれました。そして二十歳で高級日用品雑貨を販売する会社を設立したのです。

三つの一生もののスキル

当時の私には、大きな志や夢があったわけではありません。ただ、貧乏な家庭で苦労した経験から、お金持ちになりたい、成功したいという気持ちが人一倍強かったのは確かです。そのため長時間労働が全く苦ではありませんでした。

また、向上心が非常に強く、ナポレオン・ヒルの『成功哲学』、サミュエル・スマイルズの『自助論』、デール・カーネギーの『人を動かす』、ハロルド・シャーマンの『信念の力』など、自己啓発書を読み漁《あさ》っていました。

二十代の頃のノートがいまでも手元にありますが、そこには**「ちっぽけな自分に勝つ」「誠実たれ」**など、自分を鼓舞する言葉が溢《あふ》れんばかりに綴《つづ》られています。**向上心が服着て歩いていた**と表現できるほど、ハングリーでした。

意欲こそあったものの会社経営に関する知識不足ゆえに、すぐに資金繰りの壁に直面。結局、三年経たずに当時の金額で借金三千万円を残して会社を畳まざるを得なくなりました。

その後、百科事典販売で知られるブリタニカのトップマネージャーだった木村さんが私の営業力を見込んで、「完全歩合制のブリタニカで結果を出せば、借金はすぐに返済できる」と、声を掛けてくださり、プロセールスの世界に飛び込みました。

借金返済が常に頭の片隅にのしかかっていたために、無我夢中で営業の仕事にのめり込みました。おかげで、**セールス能力・マネジメント能力・パーソナルディベロップメント（自己啓発）能力という一生もののスキルが身についたのは間違いありません。泥臭く、汗水たらして働いた経験があったからこそ得られた能力**で、ラクに儲けていてはこれらの能力は得られなかったでしょう。

他にも、先述した自己啓発書の中で、特にナポレオン・ヒルの『成功哲学』との出逢いが私の人生を変えました。**目標達成のための自己暗示はいまでも実践していますが、毎日目標を口に出して宣言する**など本の内容を素直に実践するうちに、あっという間にトップセールスの仲間入りを果たし、最年少マネージャーに抜擢《ばってき》されたのです。借金も五~六年で完済できました。

自己啓発書を中心に、一週間に五~六冊は読んで、お客様のやる気を引き出すような営業トークを工夫していました。

行為は感情に先行する

モチベーションが下がることはないのかと質問を受けることがありますが、その時、私を支え続けた次の言葉を紹介しています。

「行為は感情に先行する」

これは非常に大事なポイントで、好き嫌いに拘《かかわ》らず、**まずは実行してみることで、やる気は後からついてくる**という教えです。目の前の仕事に没頭して成果が上がると、それがさらなるモチベーションに繋がる。それを繰り返していたので、基本的にモチベーションのアップダウンはありませんでした。

部下の指導をするようになってからは、**スキル面よりもマインド面を中心に徹底的に教えました**。朝早く出社させ、一～二時間かけて私が実践している成功哲学やプラス思考を伝えた後、なぜこの商品を世の中に広める必要があるのかを説き続けました。その直後に営業の仕事を始めるため、皆驚くほど成約率が上がるのです。これは一例ですが、思考がいかに大切かを痛感させられます。

二十九歳で現在の仕事の原点となった能力開発プログラムの開発者、夏目志郎先生の会社に転職しました。夏目先生は伝説のセールスマンと呼ばれた方で、その下で三年間営業に徹し、会社の売り上げを七倍にまで急伸させました。それが評価されて免許皆伝。三十二歳の時に独立し、アチーブメントを設立しました。

二十代の自分を自己評価するならば、「ものすごく素直」だったことが挙げられます。能力開発プログラムをはじめ、出逢った師の教えや教材を素直に信じて実践し続けました。**「できる、できない」ではなく、子供のような純粋な気持ちで行動に移していたから、結果に結びついた**のだと思います。

ただ、やはり若い頃は、まだまだ劣等感といったマイナスの感情が原動力でした。しかし、二十九歳の時に『聖書』に出逢い、**「何事でも人々からしてほしいと望むことは、人々にもそのとおりにせよ」**という黄金律を人生の規範としてからは、**「感謝」がエネルギーの源**になりました。

確かに私は世間一般的にはマイナスの環境で育ちました。しかし**「事実は一つ、解釈は無数」**。もし私が恵まれた環境だったとしたら能力開発・人財教育にここまで情熱を注げなかったかもしれません。**「この環境だったからこそいまの私がある」と出来事への〝解釈〟を変えることでプラスのエネルギーが生まれます**。そういった意味で、すべて天から与えられたものだと考えています。

そうした経験からも言えることですが、**「人はいつからでも、どこからでもよくなれる。諦《あきら》めない人生に終わりはない」**。これが私の信念です。

奥田 透
自分の人生設計を緻密に立てる

奥田 透

おくだ・とおる

銀座・小十店主

昭和44年静岡県生まれ。高校卒業後、静岡、京都、徳島の料亭で修業。平成11年に独立し静岡で居酒屋を開店。15年東京・銀座に「銀座・小十」を開店。4年後にミシュラン三つ星に選ばれる。25年パリに「OKUDA」を開店。

体力の限界を精神力で乗り切る日々

板前修業は十年かかると言われています。しかし、それは誰かが決めたわけではありません。**「人が十年かかるのであれば、五年でできないか」**、入門して二年が経った成人式の時にそう考え、五年後の二十五歳で独立すると決意しました。そして、その五年間で何をやるべきかを書き出しました。

例えば、フグを上手におろすには、包丁捌《さば》きだけでなく特別な調理師免許を取得しなくてはいけません。他にも、仕入れる魚の品質を見抜く目利き力、原価率計算や税金に関する知識、不動産など幅広く習熟しておかなくてはいけません。さらに、接客力も重要です。

人間社会は不平等と言われますが、私はその頃、唯一人間に平等に与えられたものが時間であることに気づきました。**目標がある人は時間を有効に使う**のに対して、目標を持たずにだらだら過ごしても同じ時間が過ぎる。であるならばと、五年後の独立という目標に向け緻密に人生設計を立てました。

まず睡眠は四時間あれば十分と決め、調理場の仕事が終わると、スナックでアルバイトをして接客を学び、朝四時に魚市場に行って働きました。資格を取得する勉強も必要ですから、休日は一日もありません。体力の限界を精神力で乗り切る日々が何年も続きました。

修業を続ける中で日本料理の深い部分も分かり始めました。「ホウレンソウはどうやったら、もっとおいしく茹《ゆ》でられるのか」「天つゆの醤油、ミリンの理想的な割合はどうなのか」という疑問が次々に湧き、料理そのものへの関心が一段と高まっていったのです。

そうなると、私の中に一つの煩悶《はんもん》が生じました。料理の深みが掴《つか》めないまま独立しても、中途半端な料理人で終わってしまう、との思いです。ある一冊の料理の写真集に出合ったのはその頃でした。徳島県の日本料亭「青柳《あおやぎ》」の小山裕久《ひろひさ》さんの著書ですが、一つひとつの料理の見事さに目を奪われ、青柳でゼロから修業をしたいという気持ちに突き動かされたのです。

何度も手紙を書き入門を請《こ》いました。「最初は俺の運転手と下足番だ。それでもいいか」「はい。何でもします。寝るところがなかったら調理場の隅でもいいです。ご迷惑は掛けません」

そういうやりとりを経て、どこの馬の骨とも分からぬ私を雇ってもらったのは二十三歳の時でした。

信用を勝ち取る地道な努力

実際、青柳での修業は運転手と下足番からのスタートでしたが、二週間ほどした頃、百貨店「そごう」に出している支店の支配人が辞め、急遽《きゅうきょ》私が手伝いに行くことになりました。調理場には入れなかったものの、居酒屋やスナックで働いた経験からマネジメントや接客はどうあるべきか、ある程度のコツは掴んでいました。掃除が行き届いていない部分を綺麗《きれい》にしたり、普段誰もが見過ごしてしまうところを整えたりすることをこまめに行いました。

嬉しかったのは、そういう私の目立たない仕事をデパートの社長がご覧になっていたことです。社長は青柳の女将さんに、女将さんはご主人に私の働きぶりを伝え、大変喜んでいただきました。私が手伝いに入って以降、デパートの店はお客様の数が増え、しばらくすると月の売り上げが倍ほどになりました。**お客様の視点に立って小さな改善を重ねたことが大きな成果に繋《つな》がった**のだと思います。

しかし私は料理を学ぶべく徳島に来ています。一日も早く調理場に立たせてもらうためにも、ご主人に認められようと必死で、それにはいい評判を得て信用してもらう以外にないと思っていました。三年が経った時、新しくできる店の支配人にという話があり、このまま調理場に立てないのなら静岡に帰ろうと考えました。その思いをご主人に伝えたところ、返ってきたのは意外な答えでした。

「おまえにはこれまで三年間、料理を教えてやらんかったな。悪かったなぁ。おまえ、明日から調理場に行け。最後の一年、ちゃんと料理の勉強をしていけ」

ご主人は最後の一年間、料理長を指導につけて青柳の料理を一から指導してくださいました。このご恩はいまも忘れることができません。私にとって一生の宝です。

神様がチャンスを与える生き方

私が独立し静岡に店を構えたのは二十九歳の時でした。懐石料理の店を開くつもりでいましたが、条件に合う物件がなかなか見つからず、飲んで食べて五千円程度の手頃な居酒屋から始めることにしました。ありがたいことにこの居酒屋は大繁盛し、五年間一度も座れなかったというお客様もいらっしゃったほどです。

「この店を繁盛させていくのが自分の運命なのかな」。一時はそんな考えが頭を過《よ》ぎりましたが、一方で「人生は一度切り。このままだと死ぬ時に後悔が残る」との思いがいつも頭をもたげてきます。そこで一大決心をして、平成十五年、三十三歳の時、銀座の中心部に銀座・

小十《こじゅう》を出店。店名は大好きな陶芸家・西岡小十先生のお名前からいただきました。

銀座・小十は二十坪でカウンター六席と小さなお座敷だけの店で、すぐに埋まるだろうと簡単に考えていました。しかし、何日待っても誰一人としてお客様は入りません。銀座に来るお客様は馴染《なじ》みの店、紹介を受けた店にしか行かないので考えたら当然のことでした。

気がついた時には最後の手許《てもと》の資金の三百万円もなくなろうとしていました。銀行からは追加融資を断られ、持ち家は抵当に取られている。妻に正直に窮状《きゅうじょう》を打ち明けると、三百万円を何も言わずに出してくれ、そのおかげで何とか急場を凌《しの》ぐことができました。しかし、その資金も徐々に底をつき、二進《にっち》も三進《さっち》もいかなくなったのです……。

自らの店を持ち、ちょうど長女が生まれ、傍《はた》から見れば幸せの絶頂期だったことでしょう。しかし現実は人生のどん底。生命保険をかけていたため、交通事故を装うべきか、ビルの屋上から飛び降りるべきか、どう死ねば人に迷惑をかけないかをひたすら考え続けました。そんな窮地の中、ふとある思いが脳裏に浮かんだのです。

「来ていたお客様がいなくなるとしたら自分の責任だが、誰も来ていないのに、いい悪いを判断するのは早すぎるのではないか。**自分の運勢に懸けて、駄目でも精いっぱいのことをやってみよう**」

祈るような思いで業界誌に掲載依頼の手紙を出したところ、一誌が大きく取り上げてくれ、流れが大きく変わりました。そして気がつけば、オープンから四年後には日本初のミシュランガイドにて三つ星を獲得できたのです。

若い人たちに私が何かアドバイスできるとしたら、大切な二十代の過ごし方でしょうか。**私は二十歳の時に人が十年掛かることを五年で覚えようと決意**し、結果的には料理人としてものになるまでには十年が掛かるのだと思い知らされました。しかし、**普通の人が何も考えず漫然と過ごした十年とは密度が全《まった》く異なる**自信があります。

「一つ事をやり遂げる」という昭和世代とは違って、いまは転職を繰り返す若者が多くいます。しかし**目標のある転職とそうでない転職は全く異なります**。人間にとって唯一平等である時間。決して後戻りできないからこそ、目標を持って計画を考え、後悔のない人生を送ってほしいと願っています。

宮本亞門
悔しさをバネに、引きこもりから演出家へ

宮本亞門
みやもと・あもん

演出家

昭和33年東京都生まれ。62年29歳の時に『アイ・ガット・マーマン』で演出家デビューを果たし、ミュージカル、オペラ、歌舞伎など、ジャンルを越える演出家として国内外で幅広い作品を手掛ける。平成16年には演出家として東洋人初のニューヨークのオン・ブロードウェイにて『太平洋序曲』を上演、同作はトニー賞4部門でノミネート。令和2年、演出を手掛けたミュージカル『生きる』を再演。

遥かなる夢への第一歩

演出家を志したのは、高校二年次の一年間の引きこもりがきっかけです。友人と趣味や話題が合わず、真っ暗な自室にこもってひたすらレコードをかけて一人でミュージカルやクラシックに聴き入っていました。その中で、音楽の素晴らしさや世界観に心を動かされ、次第に生きる力が湧いてきたのです。その感動を何とか視覚的に表現し、多くの人と分かち合いたい。その純粋な思いが原点となり、十八歳の時に演出家を目指したのでした。

演出家の中にはダンサーとして活動を始め、振付師を経て最終的に演出を手掛けるようになった人が多かったため、僕も様々なオーディションに参加し、二十一歳の時にプロのダンサーとしてミュージカル『ヘアー』に出演しました。ところが舞台初日の朝、長く病を患《わずら》っていた母が亡くなってしまったのです。母は元松竹歌劇団のダンサーでした。その母の死に際し、「これからは一人で頑張らなければ」と、込み上げてきた思いのままにニューヨークに飛び、ブロードウェイで初めて生のミュージカルを観ました。

その時の感激は忘れもしません。自らの命を削るが如《ごと》く、舞台で懸命に演じる役者の姿に打ち震え、全身に鳥肌が立ったのです。当時の日本では、「ミュージカルは女・子供がやるものだ」と少し差別的なイメージを持たれていました。しかし、自分の目で本場のミュージカルを見て、演出家という仕事は命を賭《と》すに値《あたい》する仕事であると確信を得たのです。

とはいえ、その頃の自分にできたのは、ダンススキルを磨きながら、アルバイトで再びニューヨークに渡るお金を貯《た》めること。そこで深夜十一時から朝の七時まで、六本木のクラブでダンスを教える仕事を始めました。酒に酔って乗り気でない女の子たちを夜通し指導することは楽ではありません。しかし、給料がよく、日中は自分の出演する舞台や他の振り付けの仕事に充《あ》てられたため、睡眠時間を削って四〜五年ほど続けました。そしてそのお金で毎年ブロードウェイに行き、感性を磨きました。

周囲からは「演出家になるのは無理だよ。だって君はダンサーの一人でしょ」「そういう夢を抱くとあとが辛《つら》いよ」など、心無い言葉を掛けられ続け、人間不信になりました。それでも本場で感じたあの感動、感激を心に抱き、**「いつか必ず……！」と歯を食いしばり続けたのが僕の二十代**です。

夜のアルバイトを続けることは体力的に限界があり、父にお金を借りて都内にダンススタジオをつくりました。ところが、チラシを配ってもなかなか人が来ない。結局、ダンススタジオの営業に必死で舞台をつくるどころではなくなり、二十六歳の時に限界が訪れました。「自分は何をやっているのだろう……」。必死にもがいているのに、ますます夢が遠のいていく――。その現実に虚無感が押し寄せてきたのです。過去に読んだ偉人伝などでは、一道を成した人は大抵、二十代で何らかの布石を残していました。「二十代で演出家になれなかったら一生なれない」、そう考えていた僕は焦燥感《しょうそうかん》に駆《か》られ、ようやく経営が軌道に乗り始めたダンススタジオを閉じ、ミュージカルが台頭し始めていたロンドンへと飛び立ちました。

演出家になって何を伝えるのか

当時のロンドンは、現在世界四大ミュージカルと謳《うた》われる『キャッツ』『レ・ミゼラブル』の幕が開いたばかりの頃。一年以上ロンドンに滞在し、ダンスレッスンを受ける傍《かたわ》ら、劇場で演劇やオペラなどを観続けました。もちろん、座席は一番安い天井桟敷《てんじょうさじき》、一階席で観たことは一度もありません。それでも次第に、学んだつもりになっていきました。ところがある時、友人からこう言われたのです。

「What do you want?（あなたは何がやりたいの？）」

「演出家になりたいと言ったじゃないか」

「そうではない。職業はあくまで道具（手段）だろ。**演出家を通して何を伝えたいのか？**」

演出家になることばかりを考えていた僕は、一番大切なポイント、〝何のために〟という視点が抜け落ちていたことに愕然《がくぜん》としました。そしてある朝、目が覚めたら涙がとめどなく溢《あふ》れ出ていました。


ロンドンでダンスレッスンを受け、演劇を勉強してはいるものの、ただの観光客と同じで、まだ何も成していないではないか――。まずは自分で作品をつくらなければ駄目だ。そう考えてすぐに帰国し、企画書を持って営業に回りました。ところがほとんど門前払い、企画が日の目を見ることはありませんでした。舞台に出演したり、振り付けの仕事をして何とか生計を立て、気がつけば二十八歳の後半に突入していました。

「僕にはやっぱり無理なんだ。大体、日本人は永遠に劇団四季と宝塚が一番好きなんだ。僕の出る場なんかないんだよ！」

仲のよかった女性にそう電話で愚痴《ぐち》をこぼした時のこと。彼女は語気を強めて言うのです。

「あなたはなんて生意気になったの。何も世に出していないのだから分からないじゃない。何かを見せないで、誰があなたを評価するの？」。売り言葉に買い言葉で、「分かったよ！　何かつくればいいんだろ、つくれば！」、そう声を荒げて電話を切ったのを覚えています。

　この悔しさをバネに自分でゼロから行動しようと発心し、悩む間もないほど無心で台本をつくり上げました。誰かを頼りにするのではなく自らキャスティングや構成を手掛け、一つの作品を完成させたのです。それが僕の演出家としてのデビュー作『アイ・ガット・マーマン』です。一九八七年四月、二十九歳の時でした。

夢を叶えられたのは夢を捨てなかったから

『アイ・ガット・マーマン』はブロードウェイの女王、エセル・マーマン（一九〇八～一九八四年）の激動の人生を描いたミュージカルです。彼女はナイトクラブの一出演者から大スターに昇り詰めましたが、私生活では子供の死や離婚、誹謗《ひぼう》中傷など様々な苦難が押し寄せます。

　ミュージカルの舞台ではその人のすべてが演技に表れるため、生半可な覚悟で人を感動させることはできません。そんな世界で己の身を削りながらすべてを曝《さら》け出し、人を楽しませることに人生を懸けたマーマン。その生涯を通じて、**「何があっても、もうひと踏ん張りする」**という気概や**「生きる素晴らしさ」**を伝えたい。その願いを込めてつくり上げました。

実は、マーマンの姿には亡き母の生き方を重ねています。母は何度も死の宣告を受けながらも、体調が回復する度に経営していた喫茶店で最後まで笑顔で働き、人生を全《まっと》うしました。母に限らず、皆それぞれ人知れず辛《つら》い過去や痛みを持っているものです。それに屈せず、**逆境を糧《かて》として生きる大切さを届けよう**と苦心しました。

製作にあたっては、稽古場《けいこば》の代わりに安価な区民センターの一室を借りていたため、毎日集合時間前に行って、部屋にある机や椅子《いす》を片づけ皆を迎えるところからのスタート。資金繰りからチラシ配りまで、僕がすべてを担いました。

そうして迎えた初演は築地《つきじ》にある百五十名規模の小さな劇場でした。三日間の日程で、初日は半分ほどしか席が埋まらなかったものの、噂《うわさ》が噂を呼んで二日目は満席、そして三日目には何と立ち見客が出たではありませんか。閉幕後はあっという間に再演が決まり、翌年には文化庁芸術祭賞を受賞。一躍、注目の的となったのです。

僕は演出家として有名になりたかったわけではありません。人間不信になった過去を持ちながらも、いまこうして生きている奇跡、人生の素晴らしさを一人でも多くの人に届けたい。その一心で無我夢中に走り続けてきました。

二十九歳でようやく夢を叶えることができましたが、途中弱気にもなりましたし、ぶれそうになったこともありました。しかし、**絶対に夢を捨てなかった。僕が唯一したことはそれだけです。夢は自分の思い描いたタイミングでは来ないかもしれません。それでも、思い続ければ必ず実現する、**そう身を以《もっ》て学びました。

第3章
熱意があれば開かない扉はない

鈴木敏文
困難の中にこそ未来を切り拓く宝が眠る

鈴木敏文

すずき・としふみ

セブン&アイ・ホールディングス名誉顧問

昭和7年長野県生まれ。31年中央大学経済学部卒業後、東京出版販売(現・トーハン)に入社。38年ヨーカ堂(現・イトーヨーカ堂)に転職。48年セブン-イレブン・ジャパンを設立し、コンビニエンスストアを全国に広め、日本一の流通グループとして今日まで流通業界を牽引する。平成28年5月より現職。

同じ努力なら、より多くの人に喜んでもらえる努力を

トーハンに入社して三年後、広報課に移って『新刊ニュース』という広報誌の編集に携《たずさ》わるようになった。書店員や読書家向けに無料で配布している小冊子で、内容は新刊目録が中心。当時の発行部数は五千部ほどあり、私を含めた二名の編集者が毎日出版される膨大な量の本に目を通し、紹介文を書く作業に没頭していた。

しかし、**せっかく労力をかけて一号一号を仕上げるのならば、多くの人に見てもらわなければ仕方がない**。そのためには内容が大切。読者が何を求めているかを考え、それまでの編集者視点の編集方針を改めて人気作家の対談やインタビュー、エッセイなど新たな取り組みを開始した。

当然経費がかさむため、一冊二十円と有料化することを社内で提案した。要は、お金を出してでも読みたいと思われる広報誌にしようと、夢を思い描いたのである。直属の上司からは一蹴《いっしゅう》されたものの、別の部署の上司の目に留まり、社長に企画を推薦してくれたおかげで、有料化案は日の目を見ることになった。

また、誌面の内容だけでなく版型も読みやすいようにA5サイズからB6横に変更。こう

した改革が奏功し、読者の人気に火がつき、発行部数を五千部から十三万部へと伸ばすことができたのである。

これほど部数を伸ばすことができたのは、やはり読者目線に立って徹底的なつくり込みをしたことに起因するだろう。それまでは担当編集者の興味を一方的に押しつけている感が否めなかった。そのため、広報課の前に在籍した出版科学研究所での三年間の知見や経験を活かしてマーケットリサーチを行い、統計学や心理学の側面からも構成を練った他、読者インタビューも実施し、読者からの声を盛り込んだ雑誌づくりに徹したのである。

刷新前の『新刊ニュース』を一冊仕上げるのにも、当然努力をしていた。だからこそ、**同じ努力をするのであれば、より多くの人に喜んでもらえる仕事をしよう**と心掛けたのである。

モットーは「変化対応」

トーハンに所属していると、どんな大御所の作家でも出版社の方に掛け合えばすぐにご縁を繋《つな》いでもらえた。当時一流作家と言われていた方々とはほとんどお会いできたと思う。しかし、それは自分の努力の結果では全《まった》くない。トーハンという大手取次の広報課に所属していたからこそである。

マラソンに譬《たと》えれば、皆は一所懸命走っているのに、自分だけ自転車に乗っているようなものではないか。仕事は充実していたものの、取材を通じて各分野で己の信念を持って活躍される方たちにお会いする度に、自分の小ささや仕事への物足りなさ、焦燥感《しょうそうかん》が募《つの》っていった。そして昭和三十八年、三十歳の時にヨーカ堂（現・イトーヨーカ堂）に転職したのである。


全く門外漢の流通業界に転職したことは私にとって大きな挑戦であった。正直なところ「スーパー」という言葉すら知らなかった。隆々《りゅうりゅう》たる出版業界から黎明期《れいめいき》のスーパーマーケット業界へ移ることは親からも反対された。そんな中で流通業界を学ぶうちに、時代の流れと共に昔ながらの業態である個人商店がどんどん潰《つぶ》れていくのではないかと危機感を抱くようになる。

小売店も時代の変化に対応していかなければ生き残れない。そう考えていた折、流通先進国であるアメリカへ何人かの社員と共に研修に行く機会があり、そこで出合ったのがコンビニエンスストアという新しい事業モデルだった。ちょうど四十歳の時のことである。

日本でもコンビニ事業を始めようと志を立てたものの、当時社長だった伊藤雅俊をはじめ、ダイエーの中内㓛《いさお》さんや西武の堤《つつみ》清二さんなど、誰からも賛同を得られなかった。それどころか日本では絶対に成功しないと、四面楚歌《しめんそか》の状況だったのである。

しかし、その意見をよくよく聞くと「大は小に勝つ」という過去の経験に基づいた規模の大小論ばかりで、コンビニという小売業に対する明確な反論はなかった。世の中が変化している時、常識という過去の経験の蓄積に囚《とら》われることほど恐いものはない。生意気にもそう考え、**自分の信念を曲げずに情熱を持って挑んだ**ことで、日本でコンビニ事業を確立することができたのである。

この経験から二十代を含め若者の皆さんに伝えたいのは、「挑戦」のひと言に尽きる。**時代は常に変化しているため、過去の成功事例に縋《すが》りついているだけでは成功は掴《つか》めない。「変化対応」が昔から私のモットーだ。**

挑戦こそが未来を切り拓く鍵

コンビニ事業の成功の根底には、常にお客様の立場で考えるという変わらない視点があった。「日々の仕事は与えられるものだから、挑戦はできない」と考える人もいるかもしれないが、そうではない。**仕事は皆に同じように与えられるからこそ、自分から一歩踏み出す挑戦が必要なのである。**

自発的に挑戦していると、必然的に仕事は面白味を帯びてくる。言われたことだけをやっていたら仕事がつまらないのは当然だ。だからどんな仕事であれ、挑戦することが不可欠だ。「こんな仕事は面白くない」、そうぼやく声をよく聞くが、それは挑戦意欲がないからであり、「自分は駄目だ」と公言しているのと同等である。

繰り返しになるが、世の中は常に変化していく。ゆえにその時代、その年齢に相応《ふさわ》しい挑戦をしていくことが大切だ。例えば私は八十八歳になったけれど、「もう歳だから駄目」なんてことはなく、**「その歳なりに挑戦することがある」**と思っている。

中でも二十代というのは、何にでも挑戦できる最高の駆け出しの時期である。責任ある立場でないからこそ、失敗を恐れず挑戦してほしい。**勉強にしろ読書にしろ、恋愛事だってすべて挑戦だ**。だからこそ、二十代はいろいろなことに興味を持ってほしい。

セブン‐イレブンはいまでこそ当たり前のようにお弁当やおにぎりを売っているが、当初は反対の嵐だった。家庭でつくるものであるお弁当やおにぎりをわざわざ店で買う人がいるのかと。それでもコンビニ事業をスタートした時と同様、信念を貫き通して一九七六年に開発を始めたところ、確かに最初は一日に一店舗で二個か三個しか売れなかったが、いまではおにぎりは年間二十二億個も売れるようになっている。**常識を覆《くつがえ》すことができた**のである。おでんの販売やプライベートブランドの開始、セブン銀行の立ち上げなども同様だ。周囲から「無理だ」と猛反対を受けながらも常に挑戦し続けることで、道を切り拓《ひら》いてきた。

皆が一様に賛成することは挑戦する価値のないことであり、**皆が反対することにこそ、未来を切り拓く宝が眠っている**。つまり、困難の中にこそ挑戦する価値があるのである。**信念を持って挑戦し続けていると、世の中の常識のほうが変わっていく**ものだ。それがビジネスの第一線を走り続けてきた私の実感である。

鍵山秀三郎
「できる」「できない」ではなく、「やるしかない」の心構え

鍵山秀三郎

かぎやま・ひでさぶろう

イエローハット創業者

昭和8年東京生まれ。27年疎開先の岐阜県立東濃高等学校卒業。28年デトロイト商会入社。36年ローヤルを創業し社長に就任。平成9年社名をイエローハットに変更。10年同社相談役となり、22年退職。創業後も続けている掃除に多くの人が共鳴し、近年は掃除運動が国内外に広がっている。

先輩の虐めに耐える日々

私は高校卒業後、自動車用品会社に就職しました。自動車に関わる仕事というのはその当時、最先端の仕事でした。ところが、実際に入社してみると、経営者や先輩たちから学ぶことは非常に少なく、却《かえ》って反面教師にする人ばかりでした。というのも、職場は油と埃《ほこり》だらけで汚れており、そういう環境に身を置いていると態度や言葉遣いも粗暴粗野《そぼうそや》になる。物がなくなると成り行きですぐに値段を三倍、五倍に跳ね上げてしまう。これが自動車用品業界全体の風潮だったわけです。

私の両親は穏やかで荒っぽいことが嫌い、なおかつ綺麗《きれい》好きで掃除を欠かさない。言葉にして伝えるのではなく、黙々と行動で示すタイプ。こういう両親のもとで育っただけに、その風潮を見過ごすことはできませんでした。「業界の悪しき習慣を変えたい」。もちろん口に出して言える状況ではなかったので、その願いを心に秘めつつ、私は入社した翌日から誰よりも朝早く起きて出社し、一人で黙々と掃除を始めたのです。

経営者が来るまではお店の中に入れないため、お店の前の道路を掃いたり、側溝の蓋《ふた》を開けて這《は》うようにしてタバコの吸い殻やゴミなどを拾ったりしました。また、お店の裏にある油まみれになった機械も一つひとつ丁寧に磨き上げていきました。

しかし、このことが先輩たちの虐《いじ》めの対象になったのです。経営者から言われてもいないのに余計なことをするな、と。二人の先輩から仕事を与えられ、どちらかの仕事をしていると、もう一方の先輩から「何で俺の言ったことをやらないんだ」と怒鳴られる。ほんの一例ですが、このように私を取り巻く環境は不条理・不合理・不都合ばかりでした。

ただ、私はそこで虐められたからと言って、掃除をやめたり会社を去ったりすることは決してしませんでした。自分が正しいと思っていることをやらずに、周囲に流されてしまうようでは、何のために生きているのか分かりません。ですから、先輩たちから何を言われても黙って耐える。まさに忍の一字の日々を過ごしました。

近年、円覚寺派管長の横田南嶺《よこたなんれい》老師から、**「忍は大舟たり。以《もっ》て難きを渡るべし」**と教えていただき、その時代のことを納得しました。

掃除には不思議な力がある

不条理・不都合なことに直面した時、ついつい口で反論したり、あるいは反抗的な表情や態度を取ったりしてしまうものですが、私は一切しませんでした。

どうしてそこまで忍耐できたのかと言うと、二つの理由が挙げられます。

一つは、**両親に心配をかけたくなかった**こと。当時は一つの会社に長く勤めることが信用の元だと考えられており、一度会社を辞めたら条件の悪い会社にしか勤められない、転職即《すなわ》ち人格を否定されるという時代でした。そのため、私が辛《つら》いからと言って転職すれば、田舎にいる両親に心配をかけてしまう。また、もし別の会社に行ったとしても、結局そこでも同じような問題が起きるものなのです。

もう一つは、**疎開中に自分よりも過酷な人生を送っている人たちをたくさん見てきた**こと。例えば、炭鉱で毎日生きるか死ぬかという重労働に従事し、事故で怪我《けが》をしたり死んだりしても何の保障も与えられない。そういう気の毒な人たちのことを思えば、自分はまだ恵まれている、と。

ですから、とにかく耐えるより他に仕方がない。いつまでもこの不条理・不都合が続くわけではない。いや、それ以上に自分が努力をして一つひとつ解決していくのだと心に留めて、掃除をやり続けました。

すると、どうでしょう。私が入社した当初は、お店に来るお客さんも粗暴な人たちが多くいました。それが三年掃除を続けた時から、次第に高級車に乗る裕福で上品な方々が来てくださるようになりました。やがて森繁久彌《もりしげひさや》さんや三船敏郎《みふねとしろう》さん、美空《みそら》ひばりさんなど、有名な俳優、歌手からもご愛顧いただくようになりました。**お店を綺麗にしたことによって、お店の雰囲気も変わり、明らかに客層も変わってきた**のです。**掃除には人を呼び寄せる不思議な力がある。**そう確信した瞬間でした。

命懸けの仕事が自分を鍛えた

入社して間もない頃は何の知識も技能もありませんでしたから、商品の配達や売掛金の回収に駆け巡り、合間を縫って自動車用品をつくったりメッキ加工を施したりする技術を習っていきました。

また、米軍の払い下げ物資を落札してトラックで引き取ってくるという仕事もしていました。高校で習った程度の英語力しかなく、喋《しゃべ》ることはできません。それでも会社から指示された入札の基準に従って見様見真似《みようみまね》で商品を落札し、税関に申告して税金を納め、四トントラックを三～四台連ねて私の親くらいの年齢の労働者ばかりを十～二十人ほど乗せて、引き取りに向かいました。

　朝九時から十一時半までの間に積み終えなければ、残っている商品があっても締め出されてしまうため、何としても時間内に積もうと必死でした。当時はフォークリフトなどなく、すべて人力で積まなければなりません。

　中には自動車とは関係ない物も多く、自分の背丈より大きな直径二メートルのタイヤもありました。転がしている途中で倒したら起こせませんし、もし下敷きになったら大怪我をするでしょう。雨や雪の日は地面が滑りやすく、神経をすり減らすようにして、まさに命懸けで運びました。ブレーキの故障しているバスを、立川基地から坂の多い道を通って西新橋の会社まで運転したこともあります。

　他にもたくさん辛い、危険な仕事をしてきました。それまで経験したことのない、なおかつ自分の能力を遥《はる》かに超えることを要求されてきたわけですが、それを私は拒否しませんでした。できないと決めつけないで、とにかくやってみる。**できるか、できないかではなく、やるしかない**。そういう心掛けで取り組んできたおかげで、能なしで意気地のなかった自分を鍛えることができたのです。

「やったことないからできません」という台詞《せりふ》は、逃げている人間の言い訳にすぎません。

成功と失敗を分けるのは、能力ではなく真剣度

そうやって身を粉にして働きましたので、入社五年目の時には過分な高給をいただき、社用車を自由に使わせてもらえるようにもなりました。

ところが、私はそれほどの待遇をすべて擲《なげう》って、昭和三十六年、二十八歳を迎える直前に会社を辞め、二十八歳の時にローヤル（現・イエローハット）を創業しました。なぜかと言うと、会社は大きくなったけれども、経営者の考えや体質は変わらない。それではいくら売り上げが上がってもいい会社ではない。早晩《そうばん》行き詰まる。ゆえに私は「業界の悪しき習慣を変える」という信念のもと、ゼロから出直すことに決めたのです。

コツコツとした努力を積み重ねていったことで、厚い壁に小さな穴を開けるように、徐々に会社を発展させることができました。一方、創業当時は雲の上のような存在だった大手の同業他社が次から次へと倒産し、やがて業界全体が淘汰《とうた》されていきました。私が相手を貶《おとし》め

ようとしたのではなく、自ら滅びていったわけです。

いま振り返ると、人はいない、物はない、資金はない、徒手空拳《としゅくうけん》のスタートでしたが、**何もなかったからこそよかった**のだと、つくづく感じます。最初から条件が揃《そろ》っていたら、私はこんなに努力できなかったでしょう。最近、**「条件が揃ったらやります」と言う人が多いのですが、それでは成功しません。真剣にならないからです。**

成功と失敗を分けるのは、その人の能力の差ではなく、どれだけ真剣であるかどうか、その度合いの差に他なりません。人間、能力なんかなくても、真剣に努力すれば何でも実現できるのです。

矢野博文
恵まれない幸せ、恵まれる不幸せ

矢野博丈

やの・ひろたけ

大創産業創業者

昭和18年中華人民共和国生まれ。41年中央大学理工学部卒業。学生結婚した妻の家業を継いだものの26歳で夜逃げ、9回の転職を重ね、47年雑貨の移動販売を行う矢野商店を夫婦で創業。52年大創産業設立。62年「100円SHOPダイソー」1号店が誕生。平成22年売上高3000億円を突破。30年会長就任。31年会長退任。

夜逃げ、九回の転職の末に

親父の勧めで大学に進んだ私は在学中に結婚。卒業後は尾道《おのみち》にある妻の実家に入り、魚の養殖業を引き継ぎました。ところが、既に行き詰まっていた経営を素人が立て直せるはずもなく、二年半後には七百万円の借金を背負う羽目に……。このままではどうにもならないと煩悶《はんもん》した末、二十六歳の時、女房と小さな子供を連れて東京へ夜逃げしました。

これから一体どうなるのだろう。車を走らせながら抱いた妻と子供への申し訳ない気持ち、何とも言えない気怠《けだる》さは生涯忘れられません。その後二十年ほどは尾道から東京までの道の風景を目にするたび、当時の心境を思い出しては涙がとめどなく溢《あふ》れてきたものです。

東京に着くと借金返済を目指し、新聞の求人欄に高給優遇と記された百科事典の訪問販売をやりました。しかし、どれだけ売ろうと意気込んでも、人に迷惑そうな顔をされると押し切ることができず、成績は三十人中二十七番。その後もちり紙交換や義兄が経営するボウリング場の手伝いなど様々な仕事につきましたが、何をやっても上手くはいきません。

結果として、五年間で九回の転職を重ねました。

「ああ、運命の女神は、俺のことを毛嫌いしているんだ」
自分の無力さを嫌というほど思い知らされ、強い挫折感に打ち拉《ひし》がれました。

けれども、もしどれか一つでも成果を上げていれば、ダイソーを立ち上げることはなかったでしょう。**いまの私があるのは、運がない、能力がないとグシャグシャに否定されたおかげです。**そして立身出世への欲が一切なくなり、一所懸命働いてご飯さえ食えれば満足だと心の底から思えるようになったのは、ダイソーの経営方針の大切な核となりました。

百円ショップは偶然の産物

ダイソーの原点となる、雑貨の移動販売を行う矢野商店（現・大創産業）を広島で創業したのは、一九七二年、二十九歳の時でした。途方に暮れていた時、雑貨を販売する店が大勢の人で賑わう様子を目にしたのです。「これはええ商売じゃ」と直感し、見様見真似《みようみまね》でこの世界に足を踏み入れました。

当時は運送会社がなかったため、土日で大阪の露天商や傷物専用の問屋に赴き、トラックいっぱいに商品を仕入れる。平日は妻と共に朝五時から広島中の公民館や空き地まで売りに出掛け、片づけを終えて帰宅するのは夜中の十二時という生活を繰り返しました。過酷な毎日でも、働くことへの満足感は確かに感じていました。

そんなある日のこと、露店を開く予定で前日にチラシを配っていましたが、天気予報で終日雨ということもあり、当日は休むつもりでした。ところが午前十時には空が晴れ上がり、お昼頃空き地に着くと、チラシを持つ大勢のお客さんが当店を待ちわびていたのです。

急いで商品を降ろすや否や、お客さんが勝手に箱を開けては「これいくら？」と迫ってくる。当時は三百種類を超える商品を揃《そろ》え、値段もまちまち。普段は伝票を見ながら値札をつけていましたが、確認する暇もありません。必要に迫られた末、「ああもう、全部百円でええ！」と口にしていました。

このひと言をきっかけに飛ぶように売れたことが、百円均一の始まりです。**百円ショップは、偶然の産物なのです**。

こうして百円均一という道を見出したものの、決して生活が楽になったわけではありません。いつまでこんな商売を続けるのだろうと不安に苛《さいな》まれ、子供たちには中学を出たら就職してほしいと頼み込む有り様でした。極めつけは百円均一を始めて概《おおむ》ね四年が経過した頃、お客さんから「この前、買《こ》うたらすぐ壊れた。安物買いの銭《ぜに》失いや」と大声で罵《ののし》られたのです。「安物買いの銭失い」というのは、商売人にとってきつい言葉です。情けなくて仕方がありませんでした。それでも、その痛烈な言葉をきっかけに、私の商業観を一から見直すことができました。儲からなくてもいい、たとえ百円でもいいものを売りたい。その一心で商売に向き合うようになりました。

当時は原価が七十円以下の品物しか仕入れていなかったため、安物と言われないように利益を度外視して原価を引き上げ、九十八円や九十九円の商品も取り扱うようにしたのです。そうすると、「えっ、これ百円でええの？」とお客さんの目つきが変わり、飛ぶ鳥を落とす勢いで売れ出しました。

自分の利益など顧みず、お客さんの立場に立った商売を貫く。本当の意味での顧客第一主義に徹することで、後々よい結果が巡ってくることを教えてもらいました。

苦労は神様からのエール

私の二十代は、恵まれたいという一心で必死にもがき続けた十年間でした。運命の女神を恨み続ける日々でしたが、二十七歳の頃に参列したある結婚式で京都のお坊さんがこんな話をしていました。**「好むと好まざるとに拘《かかわ》らず、これからお二人には艱難辛苦《かんなんしんく》が押し寄せてきます。それを乗り越えたら、きっといい人生が送れるでしょう。人生に無駄なことは一つもありません」**と。

その言葉を聞いた時、「何を馬鹿言うんだ。俺の人生無駄しかないじゃないか」と腹を立てましたが、帰りの電車でふと考えてみると、私は人一倍艱難辛苦を与えられたではないか。**もしかすると運命の女神に見限られているのではなく、運がいいのかもしれない。そう思うようになってから、心の霧が晴れ始め、少しずついいことが起こるようになりました。**

以上の話を踏まえ、二十代を生きる方々にお伝えしたいのは、**苦労ほど有り難い恵みはない、**ということです。**幾多の苦労に見舞われるということは、もっと徳を積み、幸せになりなさいという神様からのエール**なのです。困難に揉《も》まれ、人間が鍛えられた先に、回り回って徳や運が味方につき、**自ずと運命は拓けていく**のだと実感します。

一方、恵まれることは不幸が訪れる序曲です。戦後日本は高度経済成長で発展したものの、現在は経済成長率を二%に乗せることさえ容易ではありません。現状に甘んじた瞬間、国も会社も人も衰退の一途を辿《たど》ります。

恵まれない幸せ、恵まれる不幸せ――。これが、私の経験から伝えたい教訓です。

大山健太郎
「なぜ、どうして、どうすれば」を反復連打する

大山健太郎
おおやま・けんたろう

アイリスオーヤマ会長

昭和20年大阪府生まれ。39年19歳の時に、父親の死に伴いプラスチック加工の大山ブロー工業所(現・アイリスオーヤマ)を引き継ぐ。平成30年に息子に社長を譲り会長に就任するまで、54年間の長きにわたりトップを務め、園芸・ペットブームを牽引。現在は生活用品だけでなく、LED照明・家電・食品など幅広く事業を展開している。

若さを強みに二十四時間働く

十九歳の時、がんで父親を亡くしたのを機に、大山ブロー工業所（現・アイリスオーヤマ）の社長を継いでから、早くも六十年近くが経ちました。あの頃は会社がこれだけ大きくなるとも、多角化するとも思っておらず、生きるために目の前の仕事に必死の日々でした。

父が東大阪で始めたプラスチック加工を行う町工場は、当時五名の工員がいる、年商五百万円の零細な下請け会社でした。八人きょうだいの長男で、自分が継ぐ以外の選択肢がなかったために、進学を断念し、高校卒業と同時に入社したのです。自分が大学に行けなかった分、きょうだいは進学させたい。長男としての責任感から必死に働き、大学進学を希望しなかった妹と早くに亡くなった弟を除いて、皆を大学に通わせることができました。

当時は文字通り二十四時間働き通しの日々でした。いくら小さいとはいえ、会社は会社。どんな会社でも強みがなければ駄目だと考え、十九歳の私は技術力・資金力・経営力・人材力もない、ないない尽くしだった中で、**唯一あった「若さ」を武器に据《す》えた**のです。

朝八時から夜八時まで十二時間皆と共に働いたところで、工員の給料を払ってしまえば利益は出ない。そのため彼らが帰宅した後も一人で会社に残り、夜中に機械を動かし続けました。そして朝ご飯を食べて電話営業をした後、日中に四時間ほど仮眠を取り、夕方から配達をスタート。そして夜通し働く、というサイクルでした。

これは小さな製造業の特権でしょうが、頑張ってつくった分だけ利益が出て、それが会社の業績に直結する。努力と成果が見事に比例しました。ですから仕事が全《まった》く苦にならなかったどころか、時間に比例して伸びない勉強よりも遥《はる》かに楽しくやりがいがありました。

そうは言っても、数年が経ち仕事に余裕が出てくる頃には、今後の人生を考えるようになりました。大学に進学している同級生たちと比べ、「自分の人生、このまま下請けの親父として終わっていいのか」と悶々《もんもん》としていたのです。価格の決定権も、納期も選べない、すべて受け身の下請けでは人生つまらない。自分で商品をつくって、売りたいところに売る、そういう主体性のあるビジネスがしたいと発心し、二十二歳の時に初めて開発したのが養殖用のブイでした。

自前の技術を応用でき、比較的少ない投資で済んだことがブイを製造した理由ですが、破損しやすい既存のガラス製ブイと比べて利便性が買われ、一気に全国区へ。ちょうど真珠養殖のブームとも相俟《あいま》って大ヒットとなりました。

木製の育苗箱《いくびょうばこ》をプラスチック製に置き換えたことも同様の発想で、これも田植えの機械化に伴って爆発的な売り上げを記録することができたのです。おかげで大阪の工場だけでは賄《まかな》いきれず、二十七歳で仙台工場をつくった頃には、年商は五百万円から七億円にまで増えていました。

相手のために全力を尽くす

なぜそれほどの急成長が可能だったのか。いま振り返ると、前だけを見て進むしかなかった特殊な環境、そしてプラスチック技術が時代に受け入れられたという幸運がありました。しかし**根本的には、どんな依頼にも「ノー」とは言わず、すべて笑顔で「イエス」と受けてきた姿勢**が受け入れられたのだと思います。若くて常に明るく元気で、「ノー」と言わないわけですから、お客様から非常に喜ばれ、営業せずとも口コミだけで仕事が舞い込んできました。

二十代はお客様や市場の要望に応えるうちに、倍々で売り上げを伸ばすことができました。しかし、怖いもの知らずで突き進んでいた中、人生最大の逆境に直面します。それが三十歳前後に襲ったオイルショックでした。「石油の値段が上がる」とプラスチック製品の買い占めが起こった時は需要がうなぎ上りだったものの、その後石油バブルがはじけて供給過剰に陥ったことで、それまで十年かけてコツコツ築いてきた会社の財産を、僅《わず》か二年で倒産寸前のところまで失いかけたのです。

東大阪の工場を売却して本社を仙台に移さざるを得ず、苦渋の決断で百五十名ほどいた従業員を半数ほどリストラしました。この辛《つら》く悔しい経験は後年、経営理念を制定した際、**「社員が安心して働き続けるためには、いかなる時代環境においても会社は存続しなければならない」**という強い決意として活かされています。

なぜ、どうして、どうすれば

私が大切にしている考え方の一つに**「NDD」**があります。**Nは「なぜ」、Dは「どうして」、もう一つのDが「どうすれば」**。これを反復連打し、今日まで前例のない経営戦略を打ち出して市場を開拓してきました。

オイルショックで苦しんだ時もそうでした。NDDを考え抜いた結果、景気に左右されない仕事をしようと、生活用品事業へと大きく業態転換を図ったのです。その代表例がガーデニング用品でした。園芸好きの妻の姿を見て、「こんな商品があれば便利だ」と生活者目線で開発していった結果、その利便性を評価されて、一九八〇年代のガーデニングブームを牽引《けんいん》することができたのです。

世界を変えたと言われるクリア収納ケースも、不便から着想を得ています。当時は不透明な収納ケースが一般的でしたが、私自身一人の消費者として収納ケースからセーターを探すのに苦労した経験があったため、「透明な収納ケースがあれば便利だ！」と思い立ち、原料から試行錯誤を重ねて製品化を果たしたのです。

恐らく、私同様、収納ケースに不満を抱く人は多かったことでしょう。しかし、「なぜ、どうして、どうすれば」と考え進めた人がいなかった。だからこそ、世界初のクリア収納ケースは全世界で瞬《またた》く間に広がり、記録的なヒットを遂げたのです。

近年は情報社会に移行し、「どうして、どうすれば」という答えはインターネットで検索すれば比較的容易に手に入ります。それよりも、不満の種や不便を発見する「なぜ」の部分が重要です。**既存のマーケット内で戦うのではなく、「なぜ」を突き詰め、市場を創出する**こと。それがアイリスオーヤマの伝統精神です。

髙田 明
「二十代で何をすべきか」という意識の中で生きる

髙田 明

たかた・あきら

ジャパネットたかた創業者

昭和23年長崎県生まれ。46年大阪経済大学卒業後、阪村機械製作所に入社し、海外勤務を経験。49年家業の写真店「㈲カメラのたかた」に入り、61年分離独立して「㈱たかた」を設立、社長となる。平成11年社名を「㈱ジャパネットたかた」に変更。27年社長を退任し、「㈱A and Live」を設立。29年4月にはサッカーJ2のV・ファーレン長崎の代表に就任。

家業のカメラ店を年商二億円超に

二十代をどう過ごしたのかといま振り返れば、特段大きな夢や志があったわけではなく、ごく普通の生活を送っていたにすぎません。ただ一つ言えるのは、**目の前のことに一所懸命打ち込んできた**ということです。

三年間勤めた阪村機械製作所を辞めたのは、軽い気持ちで友人と二人で翻訳の会社を立ち上げようとしたためです。しかしそう上手くいくはずもなく、僅《わず》か半年で行き詰まり、故郷の平戸に帰ったのは昭和四十九年、二十五歳の時でした。若気の至りと言うほかありませんが、家業の写真店に入ったことがいまの仕事に繋《つな》がっているという因果関係を思えば、人生に無駄はないのでしょう。当時は観光旅行が盛んで、カメラが白黒からカラーに移行し始めたこともあり、平戸の街も観光客が押し寄せ、次々とホテルが建設されていました。そのため、家業の写真店も目の回るような忙しさ。私は全《まった》くの素人でしたが、仕事を手伝い始めると、すぐに写真の道にのめり込んでいきました。

カメラの販売、フィルムの回収、取次店の新規開拓営業など、できることは何でもやりました。とりわけ面白かったのが観光写真の仕事です。これは団体旅行の写真添乗員として、スナップ写真や集合写真を撮影し、現像した写真を販売するというもの。

　どの写真が何枚売れるか事前に把握できませんし、お客様の属性によって売れ行きは変わってきますが、少なくとも綺麗《きれい》な写真を撮らなければお客様は喜んで買ってくださらない。そこで私は、お客様が興味のある話題を探っては声を掛け、表情のいい写真を撮るよう心掛けました。また、スピードが勝負と捉え、できる限り早く現像してお客様に見ていただくことに腐心しました。

　四百～五百名の団体旅行で雲仙に行った時は、夜遅くまで宴会場で写真を撮り、そこから大急ぎで車を走らせ、深夜十二時頃のフェリーに乗って平戸に帰る。その後、三時間ほどかけて現像し、四時過ぎのフェリーでまた雲仙に戻り、朝六～七時の朝食時に間に合うように写真を並べて販売しました。実際五百枚ほど売れ、二十五万円を売り上げたのですが、喜びも束《つか》の間、帰り道で前を走るバスに衝突し、その日の売り上げがすべて修理費に消えてしまったことも、いまとなっては語り草になっています。

　そうやって**一所懸命努力することで、女房や社員が仲間となって進んで協力してくれるようになり**、二十七歳で松浦市に、三十歳で佐世保市に店舗を展開し、年商二億五千万円の規模に成長を遂げることができました。目の前に現れる一つひとつのミッションをクリアしていく中で、三十七歳で独立、四十一歳の時にラジオショッピングとの出逢いがあり、全国ネットワークができ、テレビショッピングへと発展していったのです。

自らが熱意を持って徹底的に打ち込んでいれば、同じ価値観を持った人が周りにどんどん集まってくる。そして、自分の力以上の力を皆が出して助けてくれることを学ばせていただきました。

どういう意識で日々を過ごすか

これまでの人生を振り返ってつくづく思うのは、**「人間に不可能はない」**ということです。**不可能と思うのは全力を尽くしていないからではないでしょうか**。プロセスを重視し、その瞬間その瞬間で百%の力を出し切り、諦《あきら》めずに追求し続ければ、すべてが可能になる。そう信じて、今日まで取り組んできました。

もう一つ、いま私が若い人に伝えたいのは、**「意識の中に生きる」**ことの大切さです。**ただ漫然と何も考えずに無意識に生きるのではなく、二十代で何をすべきか、二十代をどう過ごしたらいいのか、という意識の中で日々生きていく**。そのことに気づくか気づかないか。いつの時点で気づくか。気づいたら、どれだけそういう意識を持って一所懸命やれるか。その差はいますぐには分からないかもしれません。しかし、年齢を重ねるとともに、その差は大きくなり、人生の満足度、幸福度という形で如実に現れてくるのです。

近年、ワーク・ライフ・バランスという言葉をよく耳にします。確かに仕事と私生活の調和を図るのは大切なことでしょう。仕事は会社の中だけで行い、家に帰ったら私生活を楽しみ、仕事のことは全部忘れる、というふうに仕事と私生活を切り離す考え方が広まっているようですが、そうばかりでもないと思います。

仕事と私生活は繋がっているものであり、仕事に対するアンテナを持ちながら私生活を楽しむところに、自己を成長させる、仕事を発展させるヒントがあるからです。

例えば、私は家に帰って普通にテレビ番組を見る時も、カメラのスイッチングを見ています。「これは三台のカメラで撮っているのか。いまの切り替えはうまいな」と。あるいは本を読んでいても、「この説明はここが分かりやすい。逆に、ここはこう変えたらもっと魅力が伝わるな」といったように、テレビショッピングの仕事に生かしているのです。

肩肘《かたひじ》張らずに気楽でいながらも、**見るもの聞くものすべてを自分の糧《かて》にする**。そういう意識や視点を持つことが人生をよき方向に変えていく要諦《ようてい》なのだと思います。

中井政嗣
与えられた助言を素直に謙虚に実行する

中井政嗣

なかい・まさつぐ

千房社長

昭和20年奈良県生まれ。中学卒業と同時に乾物屋に丁稚奉公。48年大阪ミナミ千日前にお好み焼き専門店「千房」を開店。大阪の味を独自の感性で国内外に広める。その間、40歳にして高等学校卒業。現在、自身の体験を踏まえた独特の持論で社会教育家としても注目を集め講演も行う。

本当の成功者は百人に一人

私は昭和二十年に奈良県に生まれました。実家は貧乏人の子だくさんで、私は七人きょうだいの上から五番目。兄や姉は学業成績優秀でしたが、私は勉強が嫌いで、学業成績も当然悪い。中学卒業と同時に丁稚奉公《でっちぼうこう》へ出され、もう勉強しなくてよくなったことは私にとって大変ラッキーでした。

奉公先の乾物《かんぶつ》のお店へ挨拶をするため、一緒に大阪へ出た父は、「仕送りはいらんから自立しろ」と言って送り出してくれましたが、よもやそれが今生《こんじょう》の別れになるとは思いもよりませんでした。その年の秋に父はがんでこの世を去り、まだ十六歳だった私は、父から言われた自立を真剣に考えざるを得なくなったのです。

とはいえ当時の給料は僅《わず》か三千円で、とても独立資金は賄《まかな》えそうにありません。そんな私に収入の高低は関係ない、お金を貯めるコツは使わないことだと諭《さと》してくれたのが三つ年上の兄でした。当たり前だと笑う私に、同じ中卒ながら生徒会長まで務めた頭のよい兄はこんな話をしてくれました。

ちりめんじゃこを手に入れてもすぐに食べたらあかん。それを餌《えさ》にしてサバを釣ったら一日食える。けれども食べずに餌にしてマグロを釣れ。マグロを釣ったら一か月食えるがもう一回辛抱しろ。マグロを餌にしてクジラを釣れ。クジラを釣ったら一生食える。

お金をコツコツ貯め、次のステップに生かすことの大切さを物語る譬《たと》え話でした。

兄によれば、市場で働いている人が十人いれば十人とも独立したいと思っているが、実際に独立できるのはナンバーワンの一人だけ。そういう人の出した店は全国にあるけれども、独立してよかったと思っているところはさらに十軒のうち一軒。つまり**本当の成功者は百人に一人**で、学歴も能力もないおまえがそうなりたかったら人の倍働けと叱咤《しった》されました。

父という後ろ盾をなくし、自立せざるを得なかった私は、兄からもう一つ言われた、金銭出納帳《すいとうちょう》をつけることも忠実に守りました。いただいた給料には手をつけず、月に二日しかない休みも仕事に充《あ》てて得たお金で生活をやりくりしました。その結果、私の倍の給料をもらっていた友人を貯金額で上回った時は、こんな自分でも勝てることを実感し、周りの景色が一変する思いでした。

私は自著に**「人間って欠けているから伸びるんや」**というサインをよくしますが、当時を振り返ってつくづく思うのは、**コンプレックスとハングリー精神が自分を成長させた**ということです。学歴もお金もない私が他人と同じように休んでいたのでは、とても百人のうちのナンバーワンになれません。兄の教えを守って人一倍懸命に働いたからこそ今日があると実感しています。

よきご縁に恵まれるには

お好み焼き専門店千房《ちぼう》を創業した昭和四十八年は第一次オイルショックの真っ只中《まっただなか》でしたが、当時新聞もテレビも見る余裕のなかった私は、日本が深刻な不況に陥《おちい》っていたことを知りませんでした。人間、知らないということほど強いものはありません。客足が伸びない原因をすべて自分の責任と捉え、お客様に喜んでいただく工夫を徹底的に重ねていったのです。

そうした中、若い私に目をかけ、貴重なアドバイスをくださる常連のお客様がいらっしゃいました。

「お金が欲しい時にお金を追ってはいけない。人を追いなさい」

「君が体を張って稼いでいるのは、自分の血を売って商売しているのと一緒。**自分が動かなくてもお金が入ってくるのが企業だ**」

「成功は急いではならない」

「中井の姓を決して傷つけるな」

偶然にも私と名字も郷里も同じその方は、常盤薬品工業の創業者・中井一男社長でした。能力があって努力もしているのに伸びない人がたくさんいる中、能力もお金もなかった私がここまでこられたのは、中井社長をはじめたくさんの方に引き立てていただいたおかげです。**人間、誰かの引き立てがなければ、どんなに能力があっても、どんなに努力をしても光り輝くことはできません。**そして、私が多くの方に引き立てていただいた理由は四つあると思います。

一つ目は、**年長者を敬うこと。**二つ目は、年長者から言われることを**積極的な謙虚さを以《もっ》て素直に受け入れること。**三つ目が、**言われたことを誠実に実行すること。**そして四つ目が、**損得ではなく善悪で判断すること。**そうすれば不思議な力が湧き、神のご加護によって必ず誰かが引き立ててくださるのです。

成功者の中には自分は運がよかったという方が多く、大概そういう方は縁を大事になさっています。二十代のうちにどんな人と出会い、どう関わったかによって、その後の人生は大きく左右されます。

中途半端な関わり方ではなく、相手を敬い、与えられた助言を素直に謙虚に実行すること。何事も損得ではなく、善悪に基づく行動を積み上げていくことによって、人間はつくられていくものです。そして、そういう学びが最もできるのが二十代なのです。

努力は必ず報われる

常盤薬品工業の中井社長が経営の師であれば、創業時に無担保で融資してくださった信用組合の理事長さんは金銭の師でした。

後で聞いた話ですが、理事長さんが若い私に無担保で三千万円もの大金を融資してくださったのは、私が兄の教えに従い、五円、十円という僅かな金額まで克明に金銭出納帳に記録してきたのをご覧になったからだそうです。

この話は、継続がもたらす大きな力を物語っています。能力のない私には、誰でもできることしかやれません。そんな私に唯一勝《まさ》っていたことがあるとすれば、誰でもできるけれども、誰も続けようとしないことを続けてきたことでしょう。

もともと三日坊主で、飽きっぽい私が継続する習慣を身につけることができたのは、**「三日の哲学」**があるからです。十年前のことを反省したり、十年先のことを計画したりするのは大変ですが、昨日のことを反省し、明日何をするか考え、きょうやるべきことを実行するのは簡単です。いっぺんに大きなことを成そうとするのではなく、**昨日の反省、きょうの実行、明日の計画**、この三日間を確実に繰り返していけばよいのです。

若い方の中には、せっかく努力しても報われないことのほうが多いと感じている方もいらっしゃるかもしれません。けれども私は、**努力は百%報われる**と断言します。ただしそのためには、**報われるまで努力することです**。あの松下幸之助先生も、成功する方法は簡単で、成功するまでやめないことだと説かれています。報われるまで努力すれば必ず報われる。これが今日まで生きてきた私の結論です。

第4章

挫折や失敗こそが人間の土台を築く

松岡修造
二十代でいかに
「失敗力」を
身につけられるか

松岡修造

まつおか・しゅうぞう

スポーツキャスター

昭和42年東京都生まれ。10歳から本格的にテニスを始め、高校時代に単身でアメリカへ渡り、61年プロに転向。平成4年6月にはシングルス世界ランキング46位(自己最高)。7年にはウィンブルドンで日本人男子として62年ぶりとなるベスト8に進出。10年現役を卒業。現在はジュニアの育成とテニス界の発展のために力を尽くす一方、スポーツキャスターなど、メディアでも幅広く活躍している。

同じ失敗をしないための前向きな反省

五十代になった僕が自身の二十代をいま振り返ると、失敗だらけの十年だったと感じます。ですから今回のメインテーマは**「失敗力」**。二十代でいかに失敗力を身につけられるかが鍵だと考えています。

僕個人的には、ただがむしゃらに努力すること、何も計画がない中でとにかく行動することはあまり好きではありません。もちろん行動自体は大事ですが、僕の場合、計画なしの行動は失敗に終わることが多く、何度も辛《つら》く苦しい思いをしてきました。

そもそも**世界トップクラスの戦いになれば、根性論で通用するレベルではありません。**僕も、十八歳でプロテニスプレーヤーに転向して以降は毎年具体的な目標を紙に書き出し、常に意識して練習を重ねてきました。

当然チャレンジにはリスクがつきもの。**目標を明確化しベストを尽くした上での失敗はOKですが、何も考えずに行動した結果の失敗は、次に繋《つな》がらないのでしないほうがいい。**大切なのは、うまくいかない時にどう考えるか。後ろ向きな「Ｗｈｙ（なぜ）」ばかりを考えて、後悔するのではなく、**「Ｈｏｗ（どうやって）」を考え、同じ失敗をしないための前向きな反**

省をする。この失敗と反省の繰り返しが僕の二十代でした。

自分の目指すべき目標を明確にする

失敗続きだった二十代の中でも顕著な失敗が目標設定でした。当時、日本のテニス界では世界ランキング百位以内に入ることは夢のまた夢。世界的なテニスコーチで、渡米後にコーチになっていただいたボブ・ブレットさんから高校三年生の時に「五年間頑張れば百位以内に入れるかも」と言われた時も、心のどこかでは「あり得ない」と思い込んでいました。

そのため実際に二十歳で百位以内に入った時点で、僕は夢を叶えたのです。と同時に、最初から世界のトップ選手になるという大きな目標を掲げていなかったために、結果として世界ランキング四十六位で止まってしまったのでしょう。

当時のツアーの回り方に関しても周囲から「失敗だ」と散々に言われ続けました。テニスの世界大会は三つのレベルに分かれていますが、コーチのアドバイスもあり、僕は実力が伴わない段階から一番レベルの高い大会に出場していました。当然予選で負けるため、本戦にはほとんど出場できません。しかし、これが後に奏功するのです。

勝てなくとも上位大会に出場し、トップ選手といつも行動を共にしたことで、トップ選手と同じ思考癖が身につきました。その結果、トップ選手と遜色《そんしょく》なく戦うことができる実力がついたのです。下位大会からスタートしていれば、いつまでも未熟な考え方しかできなかったでしょう。


二十代は社会人になりたてで、どの世界においても組織の下部にいるため、やりたくない仕事をしなければいけないことも多いと思います。その時にどんな目標を抱いて、どんな考え方で取り組むか。それによって同じ仕事をしても結果が驚くほど変わってきます。

言われたことだけやる仕事がつまらないのは当然で、自分にしかできないことは何かと主体性を持って取り組めば、やりがいは自然と生まれるものです。そのためには、自分の目指すべき目標を明確にしておくこと。それがなければ、正しい努力はできませんし、人と違うやり方を工夫する発想力も生まれません。これは三十歳で現役を退き、スポーツキャスターなど様々な仕事をさせていただく中で一層痛感したことでした。

心の声を言葉にして書き出す

現在、テニスの世界ランキング一位のジョコビッチ選手などは、技術も飛び抜けていますが、小さな怪我《けが》をものともしない心の強さ、いい意味での「鈍感力」があります。一方の僕は、現役時代ものすごく怪我に弱い選手でした。痛さのレベルが一～十まであったとしたら、二や三の段階を十と捉えてしまうくらい敏感で弱かった。それほど完璧主義だったのかもしれません。完璧主義自体は悪いことではないものの、「いつもと違う」ことに敏感になり過ぎ、その痛みを自分でどんどん増大させていたことが僕の弱点でした。

二十歳で世界ランキング百位の壁を突破したのも束の間、膝《ひざ》を怪我してリハビリ生活を送ります。二年後に再び百位以内に復活できたと思いきや靭帯《じんたい》三本を損傷する大怪我を負い、二十五歳ではウイルス性の病を患《わずら》い三か月間絶対安静での療養を余儀なくされました。

「怪我に苦しめられた中でよく頑張った」というのも一つの見方かもしれませんが、いまの僕から見れば、**怪我は完全に僕自身のせい**。特に膝の怪我に関しては、自分のモチベーションをもっとうまく維持できてさえいれば、体のケアに気を配るなど、できることはたくさんあったはずです。

世界で活躍する若手を見ていると、いかに当時の松岡修造という人間が甘かったかを思い知らされます。当然、本当に駄目な怪我もありますので、大丈夫かどうかを判断できる視座が必須なのは言うまでもありませんが、この**心の強さ、精神力を養うための方法論として、僕は〝自分の心の声〟を聴くことが大切**だと考えています。

心の声は非常に聴きにくいものです。その練習として、僕は一日最低三十分間、瞑想を取り入れていました。そうして雑念を取り払い、心をシンプルにすることで本当の声が聴き分けられるようになるのです。その積み重ねによって、自分をコントロールする力が養われました。

また、真っ白い紙に考えを書き出すことも一案です。昔はよく**日記に自分の思いを書き出し**、見返していましたが、最近は白い紙に「いま何が足りないのか」「何をすべきか」などを書き出しています。時間にすれば僅《わず》か一日十分ほどですが、**心の声を言葉にして書き出すことで、思考力や決断力、発想力が磨かれ**、「なんとなく」の言動がなくなります。これは人に見せるためのものではなく完全に自分自身との対話であり、いまでも継続して行っています。

羽生結弦選手の失敗と成功

今回、失敗をテーマにお話ししてきましたが、僕がここで一番強調したいのは、「一か八かの勝負はしない」ということなのです。きちんと計画を立ててシミュレーションをし、**「できる」と確信を持った上での失敗はものすごく前向きで、必要な失敗です。**

二〇二二年の北京冬季五輪のフィギュアスケート・羽生結弦《はにゅうゆづる》選手を例に挙げると、五輪の舞台での四回転半ジャンプは国際試合で初めて認定されたものの、転倒したため羽生さん本人にとっては失敗です。絶対王者として前人未到のジャンプに挑んだ羽生さんだからこそ、あの挑戦を失敗だったと言い切れる強さがありました。

しかし、僕をはじめ世間から見ればあの挑戦は失敗どころか、大成功です。**何が成功かといえば、それまでの過程です。**「勝ち」にこだわるのであれば、四回転半ジャンプは挑戦しないほうがよい高度な技でした。加えて、怪我やコロナ、コーチ不在など途中いくらでも諦《あきら》める要素はあったにも拘《かかわ》らず、羽生さんは自ら挑戦すると決め、自ら実践された。その力強さが多くの人に感動や勇気を与えたのです。

吉田 都
最後の最後に
自分の支えとなるもの

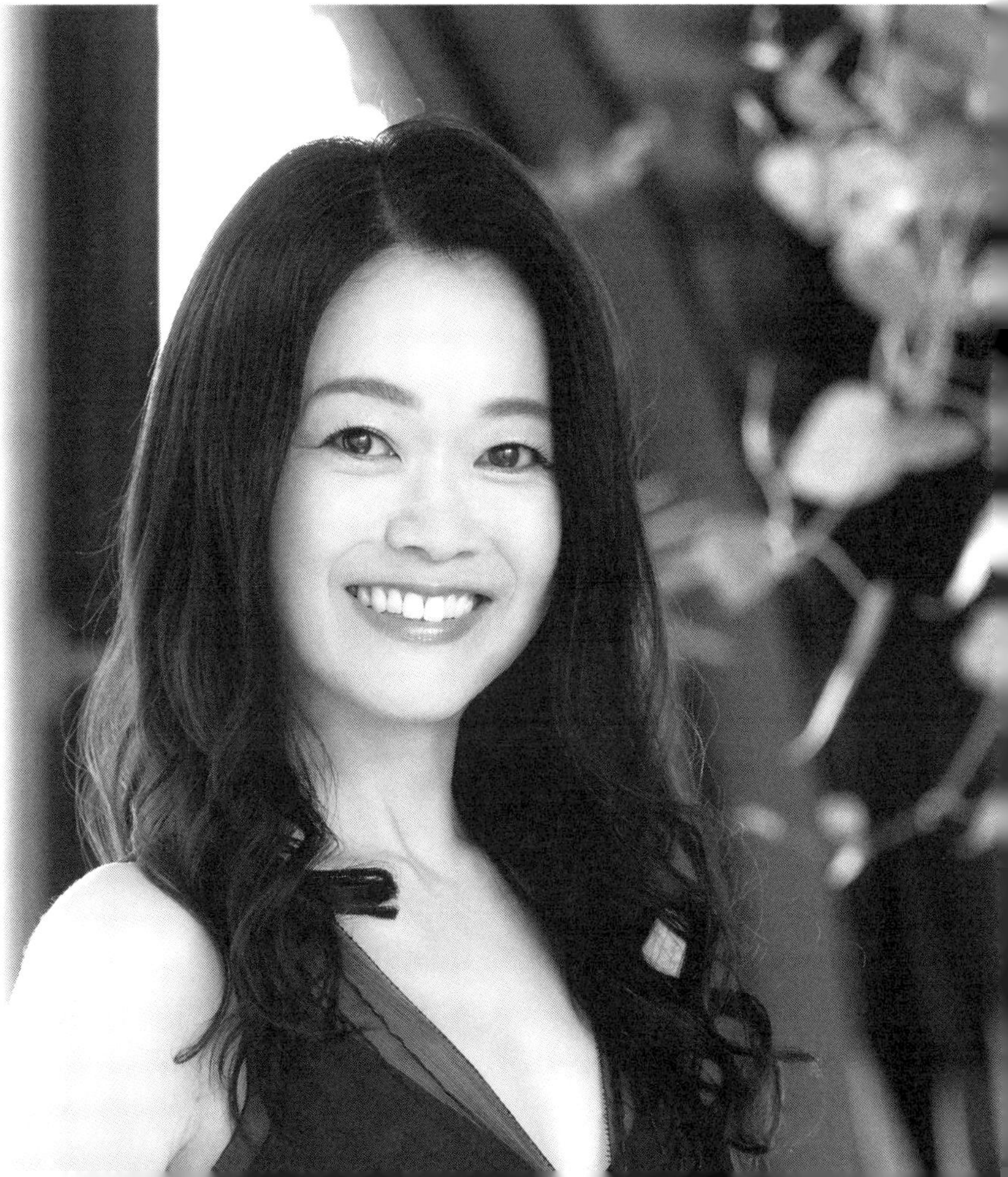

吉田 都

よしだ・みやこ

新国立劇場舞踊芸術監督

東京都生まれ。1983年ローザンヌ国際バレエコンクールでローザンヌ賞を受賞し、英国ロイヤル・バレエスクールに留学。84年サドラーズウェルズ・ロイヤルバレエ団に入団。88年22歳の時にプリンシパルに昇格。95年英国ロイヤル・バレエ団に移籍。2010年からはフリーランスのバレリーナとして舞台に立ち続ける。19年に現役を引退し、20年より新国立劇場舞踊芸術監督を務める。

好きこそものの上手なれ

バレエが好き――。その情熱が、二〇一九年に現役を引退したいまなお私の心を揺さぶり続けています。バレエは舞台上の華やかさとは裏腹に、非常に体を酷使する芸術です。そのため大抵の人が三十代半ばで引退する中、四十四年という長きにわたって私が舞台に立ち続けることができたのも、このバレエへの情熱ゆえでしょう。

バレエに出逢ったのは、幼稚園でバレエを習っていたお友達の発表会を見たことがきっかけでした。初めこそ週一回、一時間の練習でしたが、小学校高学年になる頃にはどんどんハードになり、放課後はほぼ毎日お稽古に通い、日曜日は七時間ほど踊り続けていました。いまだったらとても真似できないほど厳しいレッスンでしたが、とにかく踊ることが好きだった私はその厳しさがとても嬉しかったことを覚えています。

ここでバレエに必要な基礎を叩き込んでいただけたことは、私のバレエ人生にとって、かけがえのない財産となりました。辛いお稽古に耐えられたという自信がのちに留学した際に大きな心の支えとなりましたし、自分を追い込んで鍛える習慣も自然と身につきました。中にはこの厳しさに耐えられず辞めていく人もいましたが、私は困難になればなるほど燃えてくる性分で、痣《あざ》だらけになりながらも踊り続けていました。

コンプレックスとの向き合い方

厳しい指導の甲斐《かい》があり、中学三年次には全国バレエコンクールで一位を、十七歳の時には若手バレエダンサーの登竜門と言われるローザンヌ国際バレエコンクールでローザンヌ賞をいただくことができました。幸い私は賞と共にスカラシップをいただき、一年間、単身で英国ロイヤル・バレエスクールに留学することになりました。英語も十分に話せない上に、いまほどネットで簡単にやり取りができなかったため、すぐにホームシックになりました。それでも、一日中バレエ学校で踊れる喜びを心の支えに打ち込みました。

食事や生活などすべてがカルチャーショックで、最も驚いたのは欧米のダンサーたちの表現力の高さです。教育自体が異なるのでしょうが、日本では与えられた役を完璧に踊ることを目指すのに対し、欧米では皆がそれぞれ個性を前面に表現していたことは衝撃でした。

振り付けは同じでも、強調するポイントが三者三様なのです。では自分はどのように踊るのか？　そう考えると、自分には表現できるものが何もないことを痛感させられました。一方で、言われたことを完璧に仕上げる技術面は私の強みとなりました。表現力は経験を積んで身につけるしかありませんが、回転やジャンプといった技術力は努力次第でいくらでも磨ける。この**基礎を徹底して磨いたことが、のちに未来を切り開いてくれた**のです。

また、欧米の方々とアジア人の自分の骨格や体格の差は否応《いやおう》なしに意識せざるを得ませんでした。体格に恵まれた人はどの角度から見ても体が綺麗《きれい》なのに対し、私は体のバランスが悪く、普通に立つだけでは綺麗に見えない。この**コンプレックスとは一生付き合い続けるしかありませんが、どうにかそれを補おうと、鏡の前に立ち一番綺麗に見える角度を一ミリ単位で研究し続けました**。手足の短さについても、踊り方や魅せ方でカバーしようと、何度も何度も工夫を重ねていました。

プレッシャーに打ち克つ方法

一年間の留学の後、ありがたいことにサドラーズウェルズ・ロイヤルバレエ団からプロ契約をいただきました。入団直後から怪我《けが》に苛《さいな》まれましたが、基礎トレーニングを徹底し、技術力を磨いていたことが幸いしました。ある時、「白鳥の湖」の主役を踊る予定だったプリンシパル（最高位ダンサー）が怪我をし、急遽《きゅうきょ》代役を探すことになりました。その時私は一番下のランク。にも拘《かかわ》らず、見せ場である三十二回転のテクニックが過去にできていたことを覚えていた監督が私を抜擢《ばってき》してくださったのです。こうして一つずつ経験を積ませていただき、五年後の一九八八年にはプリンシパルに昇格することができました。

プリンシパルはバレリーナにとって憧《あこが》れですから当然嬉しかったものの、それからは長らく葛藤《かっとう》の日々が続きました。二十二歳と若かったこともあり、まだ自分の踊りや表現が確立しておらず、「プリンシパルに恥じない踊りとは何か」と常にもがいていました。

良きにつけ悪しきにつけ、プリンシパルになった途端に、周囲の扱いがガラリと変わります。練習内容は同じでも、仲間や先生、ディレクターまでもがリスペクトを持って接してくださるようになるのです。未熟な自分に対して、そうした態度で接してくださることがいたたまれませんでした。

プレッシャーも並々ならぬものがありました。ランクが下の時に主役を務めると皆から褒《ほ》められますが、プリンシパルになった途端に完璧にできて当たり前、さらに上を求められるようになります。また、公演チケットもプリンシパルの名前で販売され、売り上げが一日で分かります。初日の反応によってはキャスティングの変更があるほど、シビアな世界です。

二千人以上の観客の前に、プリンシパルとして一人で舞台に立つと、どうしても「失敗したらどうしよう」「舞台に立つのが怖い」とネガティブな思考が押し寄せてきます。そんな時、**最後の最後に自分の心の支えになるのは、「あれだけやったのだから大丈夫」と思えるだけの自信があるかどうか**です。そう**自分に言い聞かせられるようになるまで、日々の練習で自分を追い込むしかありません**。プリンシパルに選ばれ、認められたのだから、いまの自分に出せるベストを尽くす。きょうの公演、いますべき練習にだけ集中し、やり切るようにしていました。

バレエ以外のことは考えられず、まさに生活そのものがバレエでした。

趣味と仕事は全くの別物

バレエというのは、毎日同じことの繰り返しです。昨日あれほど練習したのに、きょうまた同じ練習を繰り返す。本当に大変な仕事です。引退して初めて、この現役時代の生活スタイルがいかに異常だったかに気がつきました。しかしこの土台、基礎を徹底することこそが何にも勝《まさ》る、成長の要諦《ようてい》だというのが実感です。

若い頃は日々の練習を多少疎《おろそ》かにしてもいい演技ができるかもしれませんが、それでは絶対に長続きしません。自分で気がついていなくとも、十年、二十年後に必ず差が出てくるものです。舞台の上の僅《わず》かな一瞬で華やかな演技ができるのは、その裏にコツコツと努力した日々があるから。これはどの分野、どの世界にも共通する人生の真理でしょう。

私は大好きだったバレエを生涯の仕事にすることができ、本当にラッキーで幸せだったと思っています。よく、「好きを仕事に」と言いますが、**「趣味」と「仕事」は違います。**趣味の範疇《はんちゅう》であれば好きなことだけをやっていてもいいのでしょうが、やはり仕事となったら割り切ることも必要です。内容が選べないことも、時には嫌なこともやらなければなりません。**楽しいことだけではないけれど、それをやり切った先に本当の楽しさ、喜びがある。**

私はバレエを通じて自分の世界を広げる貴重な経験ができました。そのすべての元を辿《たど》れば、バレエが好きという一事に尽きるのです。

原田隆史
何のためにという「目的意識」に火をつける

原田隆史

はらだ・たかし

原田教育研究所社長

昭和35年大阪府生まれ。奈良教育大学卒業後、大阪市内の公立中学校に20年間勤務。生徒指導に注力、問題を抱える教育現場を次々と立て直し「生活指導の神様」と呼ばれる。独自の育成手法「原田メソッド」により、勤務3校目松虫中学校の陸上競技部を7年間で13回の日本一に導く。大阪市教職員退職後、起業。「原田メソッド」に多くの企業から注目が集まり、企業研修・人材育成の分野で活躍。

母の教え「自分を変えなさい」

奈良教育大学で中学の体育教師の免許を取得し、初めに赴任したのは大阪市最大のマンモス校でした。生徒千六百名、教職員百名。体育の教師だけでも僕を含めて八名もいる学校です。当時は非常に荒れていて、生徒の服装は乱れ、校内には煙草《たばこ》の吸い殻が落ちており、僕も初日からえらい目に遭《あ》いました。グラウンドから校舎に入ろうとした瞬間、三階の窓から僕を目がけて椅子《いす》が落ちてきたのです。間一髪で当たらずに済んだものの、当たっていたら当然死んでいた。そういう悪事を平気で働く生徒がいたのです。

授業以前に生徒たちの生活態度を直さなければならない。そう考え、登校時に校門に立ち服装チェックをし、反抗的に向かってくる生徒に対しては真正面から厳しく向き合い続けるうちに、徐々に校風に変化を感じていきました。

ところが赴任三年目、二十五歳の時、僕の教師人生を揺るがす大事件が起きました。受け持っていた生徒が、あろうことか両親によって殺されてしまったのです。少年の家庭内暴力に思い悩んだ末に、少年が寝ている間に両親が殺《あや》めてしまったという悲劇……。この衝撃的な事件はマスコミでも大きく報じられ、「教師や学校は何をやっていたのだ」と集中砲火を浴びました。

その結果、落ち着きを見せ始めていた学校が再び地獄のようになりました。生徒たちが学校のガラスを割る、教室にペンキをぶちまける。女性の先生が殴られる。多くの先生がストレスで学校に来られなくなりました。そして遂に、僕も髪の毛が抜けてしまい、三十八度の高熱が出てしまったのです。


フラフラになりながら自宅に戻り、母に学校を休む旨を告げました。母もこの惨状《さんじょう》を知っていたため、当然僕は優しい言葉を掛けてもらえると期待していたわけです。ところが母はなぜか、黒のマジックペンを持ってくるではありませんか。そして、そのマジックペンで塗り始めたのです、僕の髪が抜けたその箇所を。

びっくりして言葉も出ませんでした。恐る恐る顔を上げると母は涙を流しながら言いました。

「あんたは教師を辞めようとしているやろ？　顔に書いてある。あんた、よう聞きや。辛《つら》いことがあったからといって仕事を変えたところで、新しいプラスの芽が出るのか？　違うやろ。**自分を変えなさい。自分を変えない限り、仕事を変えても一緒やで**」

母の泣き顔を見たのは後にも先にもこの時だけです。普段はマザー・テレサのように優しかった母の一喝《いっかつ》で覚醒《かくせい》し、一念発起して再び教師の仕事に向き合うことができました。

やはり、**困難に直面した時に優しい言葉を掛けても人は育ちません。厳しくも本気で向き合ってこそ成長を遂げ本物になる**のです。この出来事が私の教師としての原点であり、母は最大の教師です。

生徒の〝人生の目的〟と向き合う

後年、メンタルトレーニングを本格的に学んだ際に驚いたのは、プラス思考やコーチングの極意など、そこで習ったのがこれまで母から教わってきた内容ばかりだったこと。それらを体系立てて再現性を高めて指導したことで、子供たちは驚くほど成長してくれました。

一九九六年、三十五歳の時に異動になった公立中学校は、阿倍野区と西成区《にしなり》という日雇い労働者やホームレスが多く住む地域にあり、校区内には「飛田新地」もありました。売春を生業《なりわい》とする方々もいたのです。多くの問題を抱えており、荒れた学校というイメージが強かったため、中学進学時にたくさんの生徒が「私立中学校」を選択し、入学時点で生徒数が定員に達していませんでした。そんな学校での教育は真剣勝負そのもの。大袈裟《おおげさ》ではなく、生徒たちの未来のすべてがかかっているので、絶対に失敗できない環境でした。

私は陸上部の顧問をしていたため、問題を抱えていた生徒たちには積極的に声を掛け、陸上部に入部させました。そして各々の生徒のやる気を引き出し、長所を伸ばすことで、特別に運動神経がよい生徒でなくても日本一の場で闘えるまで能力を高めてきました。

子供たちによく伝えていたのは、「思いが先だ」ということ。**これが欲しい、これを実現したい。そう願うから、前に一歩二歩進めるのであって、「自分には日本一を目指すのは無理」と端《はな》から諦《あきら》めていては、絶対に伸びません。**

成果主義の世の中では、〝目標設定〟が大事だといわれますが、それよりも〝目的〟が重要だというのが持論です。目標の延長線上に目的があるわけですから、**「何のために」という〝目的意識〟に火を点《つ》けてあげれば、子供たちは自然と伸びていく**のです。この独自プログラム「原田メソッド」で全国屈指の強豪校に押し上げ、七年間の在校期間中に十三回の日本一を成し遂げることができました。

「欲しい」ではなく「好き」に昇華する

陸上部の中には、「親孝行がしたいから陸上競技で日本一になって、授業料が免除される特待生の高校推薦を受けたい」と掲げる貧しい家庭の生徒もいました。日本一になるという〝目標〟の先に、親孝行をしたいという〝目的〟があるのです。そこを見極め、生徒の心の炎を燃やす指導ができれば、ほとんどの生徒は自らの夢を掴《つか》み取っていきました。

その際、一点気をつけなければいけないことがあります。それはどのような意識で努力をしているか。「夢、目的、目標」を明確にし、「頑張れ、頑張れ」と発破をかけてばかりいると、脳からドーパミンが大量に放出されます。一時的であれば効果があるものの、出過ぎることで自律神経失調症や反動から鬱《うつ》病に罹《かか》りやすくなってしまうのです。

一方で、同じようにハードな努力をしても、心身共に健康で成果を出し続けられる人がいます。何が違うのか。脳科学者が調べたところ、ドーパミンではなく幸福感を増長させるセロトニンやオキシトシンが分泌《ぶんぴつ》されていることが判明しました。**ハードな努力の中にも「好き」という気持ち、やりがいや生きがい、目的を見出すことができているか。**その僅《わず》かな意識の違いが、成果に驚くほど関わっていたのです。

精神を病みやすい人は、「金メダルが欲しい、〇〇を実現したい」と成果ばかりを追い求めて努力をする傾向があります。そのため、僕は**「欲しいを好きに変える」**ことが大切だと伝えています。スポーツでもビジネスでも医療でも、各界で超一流と言われている人は、どんなに辛《つら》い場面でも辛さと共にやりがいも感じています。それは「いま・ここ」、目の前のことに集中し、生きがいを持って仕事に当たっているからです。

同様に、単に「金メダルが欲しい」とがむしゃらに努力をするのではなく、「そのスポーツが好き」という純粋さや初心を忘れず目の前の練習に打ち込んでいれば、疲れだけを感じず、その**苦しさの先にある達成感**を味わうことができるのです。

小林研一郎
諦めて、諦めて、諦めた先に見える希望の光

小林研一郎

こばやし・けんいちろう

指揮者

昭和15年福島県生まれ。東京藝術大学作曲科、指揮科の両科を卒業。49年第1回ブダペスト国際指揮者コンクール第1位、特別賞を受賞。その後、多くの音楽祭に出演する他、ヨーロッパの一流オーケストラを多数指揮。平成14年の「プラハの春音楽祭」では、東洋人初のオープニング「わが祖国」を指揮。ハンガリー政府よりハンガリー国大十字功労勲章(同国最高位)等を、国内では旭日中綬章、文化庁長官表彰、恩賜賞・日本芸術院賞等を受賞。

独学で身につけた音楽の素養

高校の体育教員であった父は、小学校の教頭を務めていた母の学校によく僕を連れて行ってくれました。僕が三歳の頃、学校にあったピアノで父が童謡「月の沙漠《さばく》」を弾いてくれたことがあります。右手だけの訥々《とつとつ》としたメロディーから始まり、クライマックスの時に左手が加わり転調して曲の雰囲気が変わった瞬間、音色の素晴らしさに心奪われました。「お父さん、もう一回弾いて、もう一回」「今度は僕にも弾かせて」、そうしつこく頼み込んだことが、音楽家を志す下地となりました。

もう一つ、音楽家になる上での決定的な出逢いが小学校四年生の時、ラジオから流れてきたベートーヴェンの「第九」を聞いたことです。メロディーの美しさに心が満たされると共に、大変な衝撃を受けたのです。幼少期に生まれた音に対する素直な興味の扉が、ベートーヴェンの曲によって大きく開かれたのでした。翌日からは大変でした。母にガリ版で五線紙をつくってとせがむ日々が始まり、作曲とは何たるかを何も分からぬままに曲をつくり始めたのです。

これは父の死後分かったことですが、父も若い頃に音楽家を志し、道半ばにして教師の道に進んだそうです。音楽で生きることの厳しさを知る父は愛情ゆえに僕が音楽をやることに反対し続け、レコードを聴くだけで咎《とが》められました。仕方がないので朝四時に起床して街灯の下で、または深夜の月明かりの下で楽譜を読み込み、蓄音機から音が漏れないよう蓋《ふた》を開けずに耳をくっつけて聴きました。ところが隠れて練習していることを知った父から、「音楽なんてやめろ」と激高《げっこう》されたこともあります。

それでも音楽への情熱はやみ難く、家族に内緒でよく深夜に家を抜け出し、小学校の講堂に忍び込んでピアノを弾いたものです。事前に子供が入れる小窓を探し出し、文房具の下敷きを使ってそっと鍵を開けるのです。辺りは真っ暗で楽譜は見えないので、月明かりの下、即興でベートーヴェンの曲を弾き、この音じゃない、この音でもない。そうやって**一音一音、音を探り、三和音を出せた時の喜びは何とも言えぬものがありました。**

天から梯子が下りてくる努力

指揮者はオーケストラに一人しか必要ない、大変狭き門です。指揮科を卒業したからといって、人前で指揮する機会を得られるわけではありません。また、日本のコンクールでいくらよい成績を残したところで、なかなか注目してもらえません。私が世界のコンクールに目を向けるようになったのは三十歳を過ぎてからでしたが、残念ながら大抵のコンクールには二十九歳までという年齢制限がありました。二十九歳までに高みに上がれない人間に前途はない、ということなのでしょう。

一度は諦《あきら》めかけた頃、ブダペスト（ハンガリー）で新しく国際指揮者コンクールが開かれると耳にしました。なんと年齢制限は三十五歳まで。狂喜したのも束の間、詳細を見て愕然《がくぜん》としました。締め切りが一週間前だったのです。

それでも、この時希望を一瞬たりとも失わなかったのは、幼い頃から父親に激高されながらも諦めなかったほど音楽への情熱があったからです。**真剣に物事を考える人のもとには天から梯子《はしご》が下りてくる**と言いますが、まさにこの時もそうでした。たまたま結婚の報告にやってきた教え子が、ブダペストにある日本大使館の大使の長男と同級生だというのです。そこからとんとん拍子に話が進み、無事にコンクールに出場させていただくことができました。

しかしこれは最初の一歩にすぎませんでした。コンクールの課題曲目は約百七十曲。大学時代に勉強したのは十曲程度ですので、コンクールまで残された一か月半ではとても太刀打ちできません。加えて海外の一流オーケストラを相手に、言葉も通じない中でどうやって指揮を執《と》るのか。さすがに諦めかけました。

諦めて、諦めて、その次にやって来るものは何なのか。僕は希望の光ではないかと思っています。それは渇望とも言えるかもしれません。この時三十四歳だった僕にとって〝来年〟という選択肢はありません。まさに崖っぷち、一所懸命に勉強に打ち込むしかありませんでした。

試験に出るであろう曲を七十曲に絞り、お風呂に入る時も曲を覚えながら、三時間睡眠で臨みました。**集中すればするほど、頭が冴《さ》えて記憶力が高まりました。**死刑台に向かうかのような覚悟で全身全霊、タクトを振ったことで、一九七四年、第一回ブダペスト国際指揮者コンクールで見事優勝を掴み取ることができたのでした。

諦めが次なる跳躍へと繋がる

生意気なようですが、一途に何かに打ち込むことがいかに大切か。それをいまの若い方々へお伝えしたいと思います。神様から与えられたこの人生、いろいろな世界で挑戦し、いろいろな経験を積み、ひたむきに生きてほしいのです。**一途に打ち込んでいればいつか希望の光が見えてくる**ものです。

僕自身、諦めたいと思う局面は何度もありました。しかしその**諦めが次なる跳躍《ちょうやく》へと繋がるのです。**僕を突き動かす底辺の思いはすべて諦めでした。**「自分はこれだけ努力したけれど、まだこのくらいの力しかない。だから何とでもしてください」**、そう祈る気持ちでいまも指揮台に立っています。

指揮をする時に楽譜は一切見ません。それは一流の音楽家である団員に対するリスペクトであり、楽譜を見る僅《わず》か○・一秒が団員の士気を一気に下げるからでもあります。気づいたことがあれば暗記している楽譜から、「○○の○小節からお願いします」とひと言だけ。これで団員は、**「指揮者である小林がここまで勉強しているなら自分ももっと真剣に頑張ろう」**と奮起してくれるのです。僕は指揮者と団員が呼応し、一体になった時に初めて素晴らしい音楽が奏でられると信じています。

為末 大
弱点の後ろに長所が潜んでいる

為末 大
ためすえ・だい

Deportare Partners CEO

昭和53年広島県生まれ。中学、高校時代より陸上競技で活躍し、平成13年エドモントン世界選手権及び17年ヘルシンキ世界選手権の男子400メートルハードルで銅メダルを獲得。シドニー、アテネ、北京とオリンピック3大会に出場。男子400メートルハードル日本記録保持者。24年に引退後は、会社経営などを通じてスポーツと社会、教育、研究に関する活動を幅広く行っている。

自分の思い込みを解放する

私はコーチをつけずに競技生活を続けてきたため、自分がいまやっている練習が正しいのか否か、誰も保証してくれる人はいませんでした。常にそれを自分自身で検証しながら挑戦を継続していくことは容易ではありませんでした。自分の身一つで行う陸上競技は、敗因もすべて自分に行き着きます。誰にも頼れない立場で挑戦したことで、私はその自覚を一層強く育《はぐく》むことができたように思います。

自分と徹底的に向き合っていくと、いくら潰《つぶ》しても消えない欠点に突き当たります。そしてある時ハッと、そういう自分をこのまま生かしていくしか道はないんだと、心が転換する瞬間が訪れるのです。

私は百メートル走に取り組んでいた頃、タイムを少しでも縮めるため、歩幅を狭くして足を速く動かす練習を繰り返しましたが、なかなか思うように成果が出ませんでした。ところがハードルに転向すると、歩幅が広い私は逆に有利になったのです。

弱点の後ろには長所が潜《ひそ》んでいるものです。しかし、こうでなければならないという先入観が強過ぎると、その長所になかなか気づけません。二十代は、自分の短所に悩むことも多い時期だと思いますが、その後ろにある大切な長所に気づくためにも、自分の思い込みに気づき、それがどこから来ているかを確認することが重要です。

以前、若い選手から、自分はとても神経質で、試合前には不安で仕方なくなるという悩みを打ち明けられたことがありました。私が、「それは神経質ではなく、用意周到ということじゃないの？」と疑問を投げかけると、気持ちがスッと楽になったようでした。

その選手は、アスリートは剛胆《ごうたん》でなければならないという思い込みに囚《とら》われていました。そうした**自分の決めつけから解放されることで、新しい可能性が開けてくる**こともあるのです。

ネガティブな感情との向き合い方

一秒にも満たないタイムの差で勝敗を競う陸上の短距離競技では、いかに集中力を高めるかが鍵となります。集中力を研《と》ぎ澄ませ、その先のゾーンといわれる究極の心理状態に入ることができれば、最高のパフォーマンスを発揮することができますが、頭であれこれ考え、意識して集中しようとしている段階では、なかなかそうした境地に至ることはできません。

こうすれば必ずゾーンに入れるという確実な方法はありませんが、自分の体験から言えることは、**まずは徹底的に準備を重ねること**。その上で勇気を持って体に任せること、つまり手放すことです。

これはプレッシャーと向き合う際の心得にも通じると思います。競技を続けることは、プレッシャーとの闘いでもありました。結果を出せば社会から期待が集まり、そのプレッシャーはさらに大きくなる。その最たるものがオリンピックでしょう。

オリンピックは世間からの注目が桁《けた》違いに大きく、また世界中の選《え》りすぐりのトップアスリートがそこに照準を定め徹底的に準備を重ねてくる点で、プレッシャーの次元が違います。よくオリンピックには魔物がいるといわれ、実力のある選手が力を発揮できずに涙を呑《の》むことがしばしばありますが、**魔物の正体は、結局そうした大きなプレッシャーに取り込まれてしまう自分の心**だといえるでしょう。

この極限の舞台で力を発揮するにはどうしたらよいか。試行錯誤の末に私が至った境地が、手放すことでした。

私は、最後の五輪と覚悟していた二〇〇八年の北京オリンピックの代表選考会直前に、肉離れを起こしてしまいました。なぜこんな大事な時に。他の選手が羨《うらや》ましい。代表に入れなかったら応援してくれた人はきっとがっかりするだろう。世間から批判されるかもしれない……そんなネガティブな思考が頭を駆け巡りました。

けれども、リハビリを兼ねて一人でゆっくり練習をしていた時、ふと思ったのです。**あれこれ考えても、結局はなるようにしかならない。だったらいま、この瞬間に、自分にできることを徹底してやるしかない**じゃないか。やるだけやって駄目だったら、あぁそうかとまた生きていくだけなんだと。

気持ちが吹っ切れたおかげで、私は何とかリハビリを乗り越え、五輪出場の切符を手に入れることができたのです。

物事の因果関係をいくら自分で見極めようとしても、何が起こるか分からないのが人生です。いま、いま、いまが積み重なってここにいるし、これから先も死ぬまでいま、いま、いまを積み重ねていくだけ。**「いま、ここ」に生きる**ことを学んだことは、私の競技人生ばかりでなく、人生においてもとても大きな転機となりました。

どんな志を抱いて生きるか

私は二〇一二年、三十四歳で現役を引退しました。約二十年の競技生活で最も苦しかった時期は、二〇〇一年の世界大会で日本新記録を出し、日本人初の銅メダルを獲得した後でした。

周囲の期待は否《いや》が応《おう》にも高まりましたが、私は次に目指すべきものを見失い、いくら気持ちを奮い立たせようとしてもモチベーションが上がらない。何かを**達成できないことの苦しみよりも、達成した後の苦しみのほうが遥《はる》かに大きい**ことを思い知らされました。

父が亡くなったのは、その逆境の最中でした。苦しむ私に最期に残してくれたのが、「やりたいようにやれ」という言葉でした。最初は、好きな陸上をやっている自分に、なぜそんなことを言うのか理解できませんでした。しかし、よく考えてみるととても深い言葉で、いまの自分は本当にやりたいようにやれているのかと、内省するきっかけになりました。

同じ頃、私に何かと目を掛けてくださっていた陸上指導者の高野進さんから、「最近、よい子になっていないか？」という言葉をかけられました。

せっかく自分を生かすためにハードルに転向したのに、知らず知らずのうちに世間の期待に応えることに囚われ、自分を見失っていたことに、私は二人の言葉を通じて気づかされたのでした。

どんな志を抱いて人生を歩んでいくか。これは人間が一生向き合い続ける問題でしょう。そして、この問題をいよいよリアリティをもって問われ始めるのが二十代だと思います。その時に他人の評価ばかり追いかけていると、どこまで行っても満足を得られない人生になってしまいます。それはかつて私が陥《おちい》りかけた、世間に操られた苦しい生き方といえます。

いま二十代を生きる皆さんには、自分が夢中になれることを少しでも早く見出してほしい。それが社会貢献にも繋《つな》がることであれば、なおよいでしょう。そのためにも、人間に興味を持ち様々な人から学ぶこと、困難と思えることにも積極的に挑戦していろんな経験を積むこと。それぞれの道で、自分の可能性を大きく開いていただきたいと心から願っています。

第5章
本気度が仕事の成否を決める

小久保裕紀
計算するな、
出し切れ

小久保裕紀

こくぼ・ひろき

前侍ジャパン代表監督

昭和46年和歌山県生まれ。平成6年青山学院大学卒業後、福岡ダイエーホークスに入団。平成15年読売ジャイアンツにトレード。19年古巣の福岡ソフトバンクホークスに移籍。24年通算400本塁打・2000本安打を達成し、10月引退。25年10月侍ジャパン代表監督に就任。29年3月まで務め、WBCベスト4。

衝撃を受けたイチローの答え

イチローとの思い出で最も忘れ難いのは一九九六年のオールスターゲーム。私二十四歳、イチロー二十二歳の時のことです。

私は一九九四年に青山学院大学から福岡ダイエーホークス（現・福岡ソフトバンクホークス）に入団しました。二年目で本塁打王を獲得したものの、「俺はパ・リーグ一番だ」と天狗《てんぐ》になってしまい、翌シーズンは開幕から全《まった》く打てず、焦《あせ》りは募《つの》るばかり。

一方、イチローは高卒でオリックス・ブルーウェーブ（現・オリックス・バファローズ）に入団し、三年目の一九九四年に初めて最多安打と首位打者に輝くと、翌シーズンはその二つのタイトルに加えて打点王を獲得。一九九六年も三年連続の首位打者へ驀進中《ばくしんちゅう》でした。

そういう状況で迎えたオールスターの試合前、イチローと二人で外野をランニングしながら、彼に「モチベーションって下がらないの？」と尋ねました。

「小久保さんは数字を残すためだけに野球をやっているんですか？」

「まぁ残さないとレギュラーを奪われるし……」

すると、イチローは私の目を見つめながらこう言ったのです。

「僕は心の中に磨き上げたい〝石〟がある。それを野球を通じて輝かせたい」

衝撃でした。それまでは成績を残す、得点を稼ぐ、有名になることばかりを考えていたのですが、この日を境に、野球の練習をしているだけではダメ、自分をもっと高めなければいけないと思い至りました。**心掛けたのは一人の時間の使い方**。空いている時間は読書をすると決め、毎日実践しました。**野球を通して人間力を鍛える**というスイッチが入ったのは、彼の言葉があったからこそです。

後年、「あの時の言葉のおかげで俺の野球人生がある」と感謝の言葉を何度伝えたか分かりません。

すべて必然、必要、ベスト

ちょうどその頃、もう一つ大きな転機が訪れました。大スランプに陥《おちい》っていた私のもとに、二人の方から全く同じ本が同じ時期に届いたのです。それも野球に関する本ではなく、経営コンサルタントの草分けとして知られる船井幸雄《ふないゆきお》先生の『エヴァへの道』。

こんな偶然が重なるとは何かのメッセージに違いない。そう思い読破して以来、船井先生のファンになり、ほとんどすべての著書とその中で紹介されている他の方の本を渉猟《しょうりょう》しました。

「人生に起こることはすべて必然で必要だ。しかもベストのタイミングで訪れている」

船井先生のこの言葉は単に心を鼓舞されるだけに留《とど》まらず、次第に私の人生観へと昇華《しょうか》されていきました。現役時代、調子のいい時に限って怪我《けが》をしたり、デッドボールをぶつけられて骨折したことが何度もあります。

そういう時、普通は「なんで俺だけがこんなことに……」と運命を呪《のろ》い、ぶつけてきた投手を恨《うら》むでしょう。しかし、この怪我や骨折すらも自分にとって必然必要であり、ベストなんだと受け入れることによって、後ろ向きに捉《とら》えがちなリハビリに前向きに一所懸命打ち込めるようになりました。

二〇一三年十月から三年半にわたって侍ジャパン代表監督を務めた時も然《しか》り。二〇一五年十一月に開催された「ＷＢＳＣプレミア12」の準決勝で韓国に敗れた翌日から二年間バッシングの嵐で、非常に辛《つら》い日々ではあったものの、「この経験は自分の人生にとって必然必要である」という軸が定まっていたことは大きな支えでした。

二〇一七年三月のＷＢＣ（ワールド・ベースボール・クラシック）が終わった時に、あの負けのおかげでいまがあると胸を張って言えるよう、ベストを尽くそうと心に誓いました。自分に何が足りなかったのかを徹底的にダメ出ししてもらい、準備の甘さや危機管理能力の欠如など、リーダーとして未熟な部分を一つひとつ改善していくことで、紙一重《かみひとえ》の試合を勝ち上がっていったのです。

世界一奪回を期待される中で、結果は前回大会と同じベスト4。にも拘《かかわ》らず、プレミア12の時とは全く違う「感動をありがとう」との言葉を多くの方々から掛けていただけたのは、あの時の負けがあったからに他なりません。もし韓国戦に勝っていたら、ＷＢＣではきっと予選敗退していたでしょう。**「人生には何一つ無駄がない」**とつくづく感じます。

伸びる人と伸びない人の差

生まれ変わってもう一度同じ人生を歩めと言われれば、中学時代だけは飛ばしたいと思うくらい、その三年間の練習はハードでした。実際、十六〜十七人入部した同級生のうち、最後までやめずに卒業したのは私を含めてたった二人。いまも鮮烈に記憶している出来事があります。

ある試合で不甲斐《ふがい》ない結果を出した時、監督から「おまえ、倒れるまで走ったことあるんか。一回倒れるまで走ってみろ」と言われました。その後、監督は帰られたものの、本当に倒れるまでやってみようと思い、水も飲まずにひたすら走り続けました。すると、徐々に意識が朦朧《もうろう》としてきてその場にへたり込んでしまい、グラウンドの目の前にあった公衆電話で母を呼ぶと、そのまま公衆電話の前で眠ってしまいました。

それくらいとことん自分を追い込み、厳しい練習を積んだ中学三年間は自分自身の基礎、基準になったと感じています。それがあったから、高校、大学と進む中で、「いや、この程度の練習じゃプロになれない。甘過ぎる。中学の時はもっとやっていた」と自分に言い聞かせ、努力を重ねることができたのです。

結果として、周囲の選手たちよりも圧倒的な練習量で群を抜き、二十歳の時に学生として唯一全日本のメンバーに選ばれ、バルセロナ五輪に出場し銅メダルを獲得。翌年、主将として青山学院大学を初の大学日本一に導き、プロ入りを果たすことができました。

若い時こそ苦労をすべき理由

若い時の苦労は買ってでもしなさいとよく言われますが、若い時しかクリアできないチャレンジというものがあります。**そこから遠ざかったり逃げたりすると、必ず後々ツケが回ってくるもの**。三十歳を過ぎてからでは遅い。体力的な衰えはもとより、余計な知識や経験が入って、どうせ自分はダメなんだ、この程度のレベルなんだと秤《はかり》ができてしまうからです。

過去に困難なこと、辛いことを乗り越えた人ほど、未来への一歩を踏み出すことができる。

これは私の実感です。ゆえに、**二十代の時期は目の前にあること、いまやるべきことに対し、自分の持っている力を〝出し切る〟ことが何より大切**だと思います。

王貞治《さだはる》監督から教わったのも、**「練習の時に楽をするな。苦しめ。体を百二十%使え」**ということでした。例えば、個人ノックを受ける時、一時間くらいやらされるのかなと思い、最初から体力を温存している選手は、いくらやっても身になりません。常に全力でボールを追う。たとえ二十球でへとへとになって倒れたとしても、その姿勢を続ける選手は確実に上達していく。

打撃練習でも、七割くらいの力でバッティングをしている選手は絶対に伸びません。そうではなく、来た球をどれだけ強く振って遠くに飛ばすか。百の力を出し続け、一球一球を真剣に打つ選手は間違いなく成長していく。

ですから、いま私は若いプロの選手たちに**「計算するな。出し切れ」**と伝えているのです。最近、入社後数年で転職する人が増えていると聞きます。それを全否定するつもりはありません。ただし、転職するならば、まずは現在勤めている会社で必要とされる人材となり、周囲から惜しまれて辞めるべきだと思います。そうでなければ、他の会社に行っても活躍できないでしょう。いまいる場で必要とされる人材になるには、やはり出し切ることが不可欠です。

弘兼憲史
夢に期限を設けて無我夢中に走り抜ける

弘兼憲史

ひろかね・けんし

漫画家

1947年山口県生まれ。早稲田大学法学部を卒業後、松下電器産業(現・パナソニック)勤務を経て、74年に『風薫る』で漫画家デビュー。85年『人間交差点』で小学館漫画賞、91年『課長 島耕作』で講談社漫画賞を受賞。『黄昏流星群』では、文化庁メディア芸術祭マンガ部門優秀賞、第32回日本漫画家協会賞大賞を受賞。2007年紫綬褒章を受章。19年「島耕作シリーズ」で講談社漫画賞特別賞を受賞。中高年の生き方に関する著書多数。

二十五歳で固めた一大決心

私のライフワークである「島耕作《しまこうさく》シリーズ」はもうすぐ三十八年目（二〇二一年時点）を迎えます。この漫画は私が新卒で入社した松下電器（現・パナソニック）での三年間の勤務経験が基になって生まれたもので、日本経済や企業内部をリアルに描いているのが特徴です。主人公の島耕作が勤める初芝電器産業の広告宣伝部は私が働いていた販売助成部がモデルですし、初芝電器の会長は松下幸之助さんのお顔に少し似せて描かせていただきました。

そもそも、漫画家に憧《あこが》れていた私が松下電器に入社したのには理由があります。いまほど漫画家という職業が確立されていなかった時代、中学生になると現実を知り、漫画家の夢を一度諦《あきら》めました。そして絵を描く特技を生かした仕事に就こうと考え、宣伝や広告関連の職を志望し、〝宣伝の御三家〟と呼ばれていたサントリー、資生堂、松下電器の中で、最も早く採用通知をいただけた松下電器に入社したのでした。

絵の特技を生かして広告の仕事に携わるうち、漫画家という幼い頃からの夢が沸々《ふつふつ》とわき上がっていきました。しかし、時は高度経済成長期。毎夜遅くまで残業するのが当たり前で、その頃住んでいた社員寮は四人部屋だったため、深夜に漫画を描く時間を捻出《ねんしゅつ》するのは困難でした。

このままでは時機を逸《いっ》してしまう。その焦燥感《しょうそうかん》から、まだ一作品も描いたことがなかったにも拘《かかわ》らず、また松下電器は業界の中で最も給料が高かったにも拘らず、辞表を出し漫画家として生きる決意を固めたのです。一九七三年、二十五歳の時でした。

三度の飯より漫画が好き

全《まった》くの見切り発車でしたが、絵に関してはある程度自信があったので、ストーリーづくりを学ぶために、失業保険手当が出る半年間で集中的に映画を見て勉強しました。あの頃の映画館は入れ替え制でなかったこともあり、一日中映画館に籠《こも》っていました。一度目は純粋に楽しみ、二回目以降は場面展開や心理描写など「これは」と思ったところを、暗闇の中で手元が光るペンでメモしながら鑑賞するのです。

コーヒーを飲むシーンでは、カチャカチャと音を立てながらカップを置くと心の動揺が分かる、といった細かい気づきまでメモしていました。黒澤明《あきら》監督の『天国と地獄』を見た時は、ある一場面の構図に感激し、その構図をそのまま書き写したこともあります。

そうして半年間漫画家の素地を固めてからフリーのイラストレーターとして仕事を始めたことで、前職でのご縁もあり仕事の依頼が殺到し、翌一九七四年にはビッグコミック賞を受賞して『風薫る』で漫画家デビュー。あっという間にサラリーマン時代の三倍を稼げるようになり、幸い、金銭面で苦労することはありませんでした。

あの頃は**一日十六時間、寝る時間以外は常に漫画を描いていましたが、それを苦痛に思ったことはありません**。売れる漫画家は皆〝オタク〟であり、片手間仕事で漫画を描いている人はいないでしょう。**三度の飯より漫画を描くのが好き**。だからこそ、面白い作品を生み出せるのです。

挑戦・自己責任・自立が成功の秘訣

私が二十代を送る若者にぜひとも伝えたいのが、**「挑戦・自己責任・自立」**の三つのキーワードです。私も三年間のサラリーマン経験で実感していることですが、三十代になると中間管理職になり、失敗した時の責任が増えていきます。ですから、二十代のうちにポジティブにものを考え、果敢に〝挑戦〟してほしいのです。

その時に忘れてはいけないのが〝自己責任〟です。これは私が一番好きな言葉です。人生を無駄にしてしまう人に多いのが「こうなったのは親のせいだ」「社会が悪い」「会社が俺をクビにした」と、常に責任を誰かに転嫁する言葉。たとえ叱られた内容に正当な理由がなかったとしても、**「そう思われたのも自分が至らなかったからだ」と矢印を自分に向ける**。私自身がそう心掛けて生きてきました。

そして三つ目が〝自立〟です。自己責任とも通ずることで、自分の力で立つ力、人に頼らないということは大切です。漫画を描くためには当然アシスタントに任せる仕事もあるわけですが、**最終的にはすべてを一人でやるという覚悟がないと、成功は見込めません**。

「挑戦・自己責任・自立」、この三つに加えて大切なのが、**心の持ちよう**です。ゴルフを例に言えば、バンカー越えのアプローチをする際に「失敗したら絶対バンカーに入る」と思ってショットを打つと、必ずバンカーに入ります。ポジティブに綺麗《きれい》に球が飛ぶイメージで打つとスパッと決まるものです。

そして最後に**「夢に期限を設ける重要性」**も付け加えたいと思います。私が漫画家になろうと決意を固めたのは二十五歳の時で、「三十歳までの五年間に自分の作品が一回も印刷物にならなかったら、漫画家の道を諦《あきら》めよう」と腹を括《くく》っていました。夢を持つのは大切ですが、実現不可能なことにチャレンジし続けても人生を棒に振るだけです。つま先立ちをしたら手が届くような目標を設定して挑戦し、ダメだったら潔く諦める勇気も大事でしょう。

人生、常に安全運転をしていれば、失敗はしないかもしれませんが、大きく成長することもあり得ません。どこかで一度、大勝負に出ること。私の場合はそれが二十五歳の時の決断でした。現代は平和な時代で飢え死にする心配がないからこそ、多くの若者に挑戦していただき、夢を掴み取ってほしいと心から願っています。

辻口博啓
修業の心得は「目で盗むこと」にあり

辻口博啓

つじぐち・ひろのぶ

パティシエ／モンサンクレールオーナーシェフ

昭和42年石川県生まれ。平成2年史上最年少の23歳で全国洋菓子技術コンクール優勝。クープ・デュ・モンドなどの洋菓子の世界大会で2度優勝、チョコレートのワールドカップでは7年連続金賞を受賞した世界で唯一のパティシエ、ショコラティエ。「モンサンクレール」（東京・自由が丘）をはじめとする13ブランドを展開する他、食と健康のリゾート・アクアイグニス事業を立ち上げる。スーパースイーツ製菓専門学校（石川県）校長、一般社団法人日本スイーツ協会代表理事を務める。

「三年で一人前になる」と覚悟を決めて家を出る

実家は石川県で祖父が創業した和菓子屋「紅屋《べにや》」を営んでいましたが、高校卒業後はパティシエになるべく上京し、住み込みで働ける洋菓子店で修業をスタートさせました。ところが、二か月も経たないうちに至急実家に戻るよう母から連絡が入り、父の失踪《しっそう》と紅屋の倒産を告げられました。実は私が中学生の頃から、父は知人の肩代わりで莫大な借金を抱えており、プレッシャーに苛《さいな》まれていました。そうして遂に、家族を残して蒸発してしまったのです。

当然、店舗と一体だった自宅は手放すことになり、母が一人矢面《やおもて》に立ち会社の整理にあたりました。母から「浮き沈みのあるパティシエよりも、安定したサラリーマンになってほしい」と懇願《こんがん》され、県内の大手蒲鉾《かまぼこ》メーカーへ入社の手はずを整えてくれていました。

当時、菓子店での初任給が四万五千円だったのに対して、蒲鉾メーカーは十二万円。二週間ほど悩んだ末に、いまここで蒲鉾メーカーに就職したら、何か躓《つまず》いた時に一生母を恨むことになるだろう。自分の人生は自分で決めるべきだ。そう思い、**「三年で一人前になる」**と覚悟を決めて、再び故郷を発ったのでした。

当時弟と妹はまだ中高生だったため、母は三つの仕事を掛け持ちしながら、必死に育ててくれました。その母を安心させたい一心で、私は修業に打ち込んでいました。後年聞いた話ですが、母は過労ゆえに救急車で三〜四回運ばれ、精神的にも苦しめられて自殺が脳裏をよぎったこともあったそうです。しかし心配させたくないという親心から、私には知らされませんでした。五年ほど前、弟から聞かされてようやく知った次第です。

公私の別なく仕事に没頭する私に、よく「なぜそんなにモチベーションが続くのか？」と問う人がいましたが、その根底にあったのは母親への敬愛の念に他なりません。母の努力を思うと、横道に逸《そ》れている時間はなかったのです。

自分の信用をつけるためにすべきこと

職人だった父親は失踪する前、東京に修業に出る私に次の言葉を掛けてくれました。

「博啓《ひろのぶ》、職人の世界は目で盗んでなんぼや。お前に技術を教えてくれる先輩はいないと思え。目で盗むことを覚えるのだ」

この「目で盗め」との教えは、私の修業時代を支えてくれたのみならず、現在も若手に伝え続けている修業における心得です。

製菓専門学校に通わず、いきなり菓子店で働き始める人はごく少数派です。当然高卒の私は初めの数年間、店の掃除や在庫管理など下働きに従事せざるを得ませんでした。給料は専門学校卒生と比べて少なく、その劣悪な状況に耐えられず辞めていく人は大勢いました。しかし、私には辞めて帰る場所がない。掃除をしながら先輩の作業を盗み見、クリームの絞り方や力の入れ具合など仕事のコツを掴《つか》んでいきました。

仕事が終わるのは大抵、夜中の十二時。そこから風呂屋に直行し、汗を洗い流してから再びお店に戻り、明け方の三～四時まで一人で練習をしていました。

例えば、ケーキの上に乗せるメッセージプレートを書く作業にしても、誰よりも綺麗《きれい》に早く書けるように練習しておくと、「この仕事は辻口に任せてみよう」と思ってもらえ、自分の信用をつけることができました。初めの一～二年目こそ掃除がメインだったものの、そうした努力の積み重ねで徐々に重要なポストを任せてもらえるようになりました。

当時、一日に十八時間は働いていたと思います。しかし辛《つら》かったという記憶は一切なく、大好きなスイーツの世界に誰よりも長時間浸《ひた》っていられることへの喜びで、イキイキと働いていました。

専門学校で勉強していない分、休みの日には頻繁《ひんぱん》に本屋へ足を運んで、製菓の勉強をしました。書籍を購入する余裕がなかったため、料理本を立ち読みしながら必死に内容を覚え、それをトイレでノートに書き写すのです。苦肉の策でしたが、この作業が非常に尊いものでした。ただ読むよりも、一つひとつを理解して覚えていくので、確実に頭に刻み込まれるのです。

また、現場で仕事をする中で抱いた、「なぜバターは溶かすだけでなく沸騰《ふっとう》させなければいけないのか」といった疑問の答えも専門書に求めていたので、人一倍学びがありました。

もちろん、デートをするなどプライベートの時間もつくりましたが、場所は専《もっぱ》らケーキ屋さん。遊びながらも意識の半分ではお菓子の調査をしていたのです。いまもそうですが、仕事と私生活の区別はありません。

自分で自分を鼓舞する方法

三年で一人前になると決めてこの世界に飛び込んだため、一年目から洋菓子店での仕事の他に、コンクールに焦点を定めて努力していました。当時の私は、洋菓子店のストーカーだったと思います。

休みの日にケーキ屋を巡っては、購入せずに店内で二〜三時間は過ごしていました。喫茶店で飲食をするでもなく、ただケーキを眺めたり働いている人の様子を見たりして、よい点を盗みモチベーションを高めるのです。そして帰り際に、お店の裏にあるごみ箱を漁《あさ》って素材の仕入先を調べていました。後にそれを購入し、自分の店のものと食べ比べをして、素材研究をするためです。

『巨人の星』という野球漫画の中で、父・星一徹《いってつ》が息子の飛雄馬《ひゅうま》をプロ野球投手に育てるべく、幼い頃から「大リーグボール養成ギプス」をつけさせ、英才教育をしています。私の場合、一徹と飛雄馬の二役を一人でこなしていたようなもので、**自分のスキルを向上させる方法を考え、実践していました**。

コンクールの傾向を徹底的に調べ尽くしたこともその一つです。歴代入賞者の作品集の写真を枕元に置き、毎晩入賞作品を眺めて、審査員たちのコメントを欠かさず読み、審査員がどういう作品を好み、どういう視点で評価しているのかを研究し、対策を練っていました。

私よりテクニックや技術が上の人はたくさんいたと思います。しかし、「大リーグボール養成ギプス」の如《ごと》く、自ら編み出した傾向対策や腕を磨く努力が奏功し、一九九〇年、五度目の挑戦で初めて優勝することができました。二十三歳、史上最年少記録です。いま振り返っても、当時の私は**勝つことに対する執念、情熱を人一倍持ち続けていました**。

それゆえ若い世代の皆さんには、**自分の好きなことを見つけ、それを「絶対人に負けない」というレベルまで高めてほしい。何か一つでも極めたという強みを持つと、一層実りある人生が送れると思います**。

その中で最も重要なのは**「辞めないこと」**です。この業界でも辞めていく人は多くいますが、私はパティシエを辞めたいと思ったことは一度たりともありません。転職を繰り返したところで、結局、新しい場では一からのスタートで、一つのことを極めた先にある世界は一向に見えてこないでしょう。私は日本一になったことで、次々と新しい目標が定まっていきました。

今野華都子
「運命」は自分が望んだものが与えられる

今野華都子

こんの・かつこ

エステティシャン／アイテラス社長

昭和28年宮城県生まれ。平成10年エステティックサロンを開業。16年第1回LPGインターナショナルコンテストフェイシャル部門にて日本最優秀グランプリ、また、世界110か国の中で最優秀グランプリを受賞。タラサ志摩ホテル&リゾート、カルナ フィットネス&スパ社長を経てアイテラス社長に。経営の傍ら古事記塾も主宰。

相次ぐ別れを乗り越えて

お見合いの話をいただき、結婚したのは二十三歳の時でした。女性に生まれた自分には、いただいた命のバトンを次の代に引き継ぐ役割があると考え、結婚には前向きでした。けれども紹介された相手の実家は、車も通らない山奥の酪農家で、古びた家や牛小屋の前にある堆《たい》肥《ひ》には、ハエがブンブンたかっていました。たぶんここには誰もお嫁に来ないだろう。それが正直な印象でした。

けれども私は、自分がそこへ行くべきだから縁談をいただいたのだと受け止め、結婚を決意しました。幼い頃から生まれてきた意味を考え続けてきた私には、自分が幸せになれるかどうかよりも、**自分の命をお役に立てたいという気持ちのほうが強かったのです**。

とはいえ、慣れない農家の生活は、体の弱かった私には随分堪《こた》えました。結婚の翌日から朝四時半に起きて草刈りや牛の乳搾《しぼ》りを行い、その頃はまだ会社勤めも続けていたため、作業が終わるとお風呂に入り、朝ご飯の仕度をして出勤しました。秋には四町歩《ちょうぶ》の藁《わら》を集めてそれを担いで運ばなくてはならず、これも大変な重労働でした。休むのは体が限界に達して倒れた時でいい、と自分に言い聞かせながら作業を続けたものです。

そんな私の心に光を点《とも》してくれたのが、結婚の翌年にお腹に宿った新しい命でした。ところが、弱い体で無理を続けたことや、幼い頃から薬をたくさん飲んでいたことなどが祟《たた》ったのでしょうか、六か月で死産という悲しい別れを余儀なくされてしまいました。せっかく自分の中に宿ってくれた命に申し訳ない気持ちでいっぱいで、胸が張り裂けそうでした。

悪いことは重なるものです。死産の翌日、悲しみに暮れて実家に帰ったその日に、父が私の目の前で工場の階段から転落して亡くなってしまったのです。僅《わず》か二日の間に大切な命を相次いで失ったショックで、お葬式がどのように執り行われたのかも記憶に残っていません。

命というものの儚《はかな》さを痛感した私は、だからこそ与えられた時間を自分らしく、精いっぱい生きていかなければならない。**いつ最期の時を迎えても、「イエス」と受け入れられるような生き方を重ねていこう**と心に誓ったのです。

負債三十六億円のホテルを再建

エステサロンを立ち上げたばかりの頃はお客様もほどんどいなかったため、家賃を賄うために朝六時前からホテルの日本料理店でアルバイトをした後、十一時にお店を開けてチラシを配るという毎日を続けていました。半年経った頃にようやくお店が軌道に乗り、人を雇えるようになりました。

これは子育てでも犯した過ちですが、当初は「これが正しい、こうやってちょうだい」と自分のやり方をスタッフに押しつけていました。それでは反発を買うのは当たり前で、一人ひとりの違いや個性への配慮が足りなかったこと、彼女たちの自律自助を妨げていたことを猛省しました。

そこで彼女たちには、何事も真心や良心にもとづいて自分で判断すること。それで何か起きた時には、すべて私が責任を取るというスタンスで向き合うことにしました。辛抱強く見守り続けた結果、どの子もお店を安心して任せられるまでに育ってくれました。

この学びは、後にホテル経営を手がけた時にとても役立ちました。エステで世界一になった後、お客様からのご依頼で講演をした時に、たまたま会場でご覧になっていた伊勢のタラサ志摩ホテル＆リゾートのオーナーが、私が壇上に立つまでの僅か十秒足らずの間に、「社長はこの人だ！」という直感を得たというのです。それまでやってきた仕事とは全《まった》く畑違いでしたが、熱心にお誘いをいただいて承ることにしたのです。二〇〇七年、五十四歳の時です。

ところが着任してみると、負債が三十六億円もあったことが分かりました。他にも一年間に支配人が四回も交代するなど、聞いていないことばかりで、すぐ辞めることも頭を過《よ》ぎりました。けれども、もし私が辞めてしまえば、ここのスタッフは誰も信用できなくなるだろうと考え、思い止まりました。

私は早速すべてのスタッフと面談して、「このホテルが悪くなった原因は何だと思う？」と一人ひとりに問いかけました。様々な意見が返ってきましたが、それを解決するのはあなたたち自身であり、社長の私はどんなことをしても応援すると約束しました。

そうしてスタッフの自律自助を促したことで、次々と改善案が上がるようになりました。現場に渦巻き始めた働く喜びは、ホテルの外にも伝わり、前を通るお客様から「ホテルが輝いている」という声をいただけるまでになりました。おかげさまで、着任して三年を経たずして月次の決算を黒字に転換させ、再建の目途を立てることができたのです。

私がホテルでやったことは、エステサロンでやったことと全く一緒でした。**すべての基準を良心、真心、愛に定め、一人ひとりが自分の判断で行動し、決断し、共に成長していく。それこそが本当の協調**だと私は考えます。

当時のスタッフは異口同音に「あの時一緒に頑張った喜びが忘れられない」と言ってくれ、私がホテルを離れて十五年以上経ったいまも交流が続いているのは、本当に嬉しい限りです。

自分を育てるのは自分自身

善《よ》きにつけ悪《あ》しきにつけ、運命は自分が望んで与えられるものというのが、七十年生きてきた私の実感です。だから**どんなに辛いことがあっても、それを超克《ちょうこく》する力が自分には備わっているはず**。そう信じて、直面する一つひとつの出来事に一所懸命取り組んでいけば、必ず状況は変わっていくはずです。そして、**その過程で磨き上げられた実力や感性は、次の舞台がやってきた時に必ず役立ちます**。

私もこれまで、身も心も木《こ》っ端《ぱ》微塵《みじん》に打ち砕かれるような辛い体験を何度もしてきました。けれども「死ぬこと以外はかすり傷」「燕雀安《えんじゃくいずく》んぞ鴻鵠《こうこく》の志を知らんや」と思い定め、「今野華都子《かつこ》よ、頑張れ!」と自分自身にエールを送って前に進んできました。

この世に生を享《う》けた**自分という人間を見守り、育てるのは、他ならぬ自分自身です**。人生の最期に「幸せだったなぁ」と心の底から思えることが、両親をはじめご縁をいただいたすべての方々への恩返しと考えて、自分らしく精いっぱい生きていただきたい。それが、いま二十代を生きる若い方々への私の願いです。

田口佳史
自分の人生に
全力投球で臨む

田口佳史
たぐち・よしふみ

東洋思想研究家

昭和17年東京生まれ。日本大学芸術学部卒業後、日本映画新社入社。47年イメージプランを創業。東洋倫理学、東洋リーダーシップ論の第一人者として知られる。

死の淵からの生還

あれは二十五歳の時でした。私は記録映画の撮影で、バンコク郊外ののどかな農村に赴《おもむ》いていました。水田の中にある農家の庭先にいた、和牛の二倍はあろうかと思われる巨大な二頭の水牛に目を奪われ、何としてもカメラに収めたいと思い近づいた途端――撮影機材に刺激されたのか、それまで穏やかだった水牛が突如猛《たけ》り狂って突進してきたのです。

逃げる余裕などありませんでした。私の体は凄《すさ》まじい衝撃とともに空中に突き上げられ、地面に叩き落とされました。水牛の攻撃はなおも続きます。猛々《たけだけ》しい角に何度も何度も体を突かれて肉は裂け、骨は砕け、破れた皮膚から内臓が飛び出しました。同行した撮影クルーたちは体がすくみ、為す術《すべ》もなくその惨状を見守る他ありませんでした。地獄のような猛攻は、十五分ほども続いたといいます。

ようやく水牛が離れていくと、私はすぐさま車に乗せられ、病院へ運び込まれました。その時の私の体は、駆けつけた医師が治療を拒否するほど無残なものでしたが、同行していた通訳のタイ人が懸命に説得してくれたおかげで手術は敢行されました。

それから十日間、私は生死の境を彷徨《さまよ》い続けました。一面に美しい花が咲き乱れるあの世も垣間見ました。自分はもう死ぬのだろう。そう覚悟していたところが、奇跡的に峠《とうげ》を越し、もしかしたら生きられるかもしれないと思った途端、今度は途轍《とてつ》もない死の恐怖が襲ってきました。目を瞑《つむ》り、このまま眠ってしまったら二度と目を覚まさないのではないか。そう考えると恐ろしくなり、一晩中起きていようとしたものです。

幸いにして水牛の角による裂傷が、動脈と脊髄《せきずい》からほんの僅《わず》かに外れていたおかげで、何度も死の宣告を受けながらも私は生き存《なが》らえることができました。何らかの見えない力に守られたとしか考えられません。その時から私の心の奥には、**自分の力で生きているのではない、生かされているのだ**という強い実感があるのです。

「道」との出合い

病院のベッドの上で、絶え間ない激痛と死の恐怖に見舞われていた私を支えてくれたのが『老子』でした。それまで『老子』など手に取ったこともありませんでしたが、事故を伝え聞いた在留日本人が見舞いに来て、差し入れてくださったのです。
本来ならとても書物など読める状態ではありませんでしたが、絶望の中で生きるよすがを希求していた私は、貪《むさぼ》るようにページを捲《めく》りました。漢語の原文、つまり白文しか書かれておらず、解説はついていませんでしたが、まるで乾いた土地に水が染み込むように、その言わんとするところが頭に入ってくるのです。

中でも衝撃を受けたのが「生死論」でした。我われはもともと、宇宙の根源であり、万物の生みの母親である「道」にいたのだと老子は説きます。人生とは「道」を出ることであり、やがて折り返し点を過ぎ、再び「道」に入ることを死という。我われの実家はこの世ではなくあの世であり、「道」はその故郷の母親。

死とは、その故郷の母親の懐《ふところ》に帰ることであると理解した時から、死に対する恐怖は徐々に薄らいでいき、遂には退院、帰国を果たすことまでできたのです。

以来、私にとって「道」は、何事も無条件で聞き入れてくれる〝故郷の肝っ玉母さん〟であり、人生の岐路《きろ》に差し掛かる度に示唆を与えてくれるかけがえのない相談相手となりました。後年、中国古典を生業《なりわい》とするようになった原点も、バンコクでの事故と、この「道」との出合いにあったのです。

使命を見つけて三十歳で独立

バンコクの事故から九死に一生を得たものの、重度の身体障碍者になった私は、体力が勝負となる映画製作を断念せざるを得なくなりました。二十五歳から三十歳までの五年間の私の生活は、三分の一が入院で、三分の一がリハビリ。そして残りの三分の一を費やしたのが、これからどう生きるべきかという、今後の人生の模索でした。

医者から、体の状態はこれ以上よくならないと宣告されたものの、働かなければ食べていけません。何とか自宅で寝ながらでもできることはないかと模索して辿《たど》り着いたのが、文章を書く仕事でした。

前職の伝《つて》で得たテレビ番組の台本の執筆を手始めに、漫才の台本、政治家の演説原稿、家電の取扱説明書、結婚式で新婦が読む挨拶文の代書と、生きていくためにあらゆる書く仕事をこなしました。

中でも転機になったのが、経営者のスピーチライターの仕事でした。仕事を請け負ったある経営者に、どのような場でスピーチをするのかと事前に確認すると、十か所の職場に社員を三千名ずつ集めて話をするとのこと。かくも多くの社員とその家族の人生を双肩《そうけん》に担う経営者という存在に、私は心底畏敬《いけい》の念を抱くとともに、自分のスピーチ原稿を通じて経営者一人を助ければ、その背後にいる無数の人々に愉快な人生を送ってもらえることを実感。他の執筆では味わえない大きなやりがいをこの仕事に見出したのです。

しかし、真に経営者のお役に立つ原稿を書くためには、経営のことを熟知していなければなりません。そこで私は、ある経営者のお力添えをいただいて公認会計士の事務所で徹底的に勉強を積み、三十歳でイメージプランを設立。四畳半一間の事務所から経営コンサルタントとして歩み始めたのです。

生き残った者の役割

このように記すと、復帰後は順調に歩んできたような印象を抱かれるかもしれませんが、決してそのようなことはありませんでした。独立当初は仕事がうまくいかない悩みに苦しめられ、それを乗り越えると仕事がうまくいき過ぎる悩み、つまり仕事の数も規模も大きくなった分、責任の大きさに苦しめられるようになりました。

しかしそれ以上に重くのしかかってきたのが、「せっかく助けられたのに」という思いでした。たまの休みにどこかへ遊びに行こうとすると、「せっかく助けられた人間が、そんなことでいいのか」という強迫観念が胸を突き上げてくる。その罪悪感は年々強くなっていき、私はノイローゼに近い状態に陥ってしまいました。

そんな折、日航機の墜落事故が起き、たまたま目にした新聞記事に私の目は釘《くぎ》づけになりました。それは機体がいままさに墜落せんとする時に、乗客が家族に宛てて走り書きした遺言でした。

「私の分まで生きてくれ」

亡くなった方々の分まで、喜び、怒り、悩み、いつ終えるとも分からない命を燃やし尽く

すこと。それこそが生き残った者の使命であることを、そのメッセージから教えられ、私は立ち直ることができました。ですから二十代の方々には**「自分の人生に全力投球で臨んでほしい」**と願っているのです。

もちろん失敗をすることもあるでしょう。けれども若いうちの失敗はいくらでも挽回《ばんかい》ができ、人生を損なうほどの深手にはなりません。だから何をするにしても思いっきりやるべきであり、またやったことは必ず役に立つと信じていただきたいのです。

幕末の英傑・勝海舟は私の遠縁に当たる人ですが、彼の人生はそのことを如実《にょじつ》に物語っています。勝は十代に剣術修行で養った体力が二十代の学問習得に役立ち、二十代に習得したオランダ語のおかげで三十代には長崎の海軍伝習所に赴任し、その体験によって四十代には海軍奉行に就任。そうした積み重ねがあったからこそ、後年江戸城無血開城という歴史的偉業を成し遂げることができたのです。

第6章 人間性を磨くことが進歩への道

武田双雲
自分の心の
チューニングをする

武田双雲

たけだ・そううん

書道家

昭和50年熊本県生まれ。東京理科大学卒業。NTTに就職後、書道家として独立。独自の創作活動で注目を集め、数多くの題字、ロゴを手掛ける。また、世界中から依頼を受け、パフォーマンス書道、書道ワークショップを行うと共に、平成25年には文化庁から文化交流使に任命され、日本大使館主催の文化事業などに参加。海外に向けて日本文化の発信を続けている。近年は現代アーティストとして創作活動を行い、国内外で個展を開催。

自分らしさとは

企業に就職した当初、書道は毎日を楽しく過ごすための趣味にすぎませんでした。スマホもゲームもなかった当時は、仕事を終えて独身寮に帰ってても特にやることがなく、ひたすらひらがなや四字熟語を書き綴《つづ》ったり、名筆を書写する臨書をやってみたり、気持ちの赴《おもむ》くままに筆を走らせていたのです。

そのうち書道の面白さに再びハマってしまい、仕事中のメモまで筆で書くようになりました。それが周囲の関心を集め、手紙の宛名や部署の目標等々、頼まれるままに筆を執るうちに、私の字に感動して涙を流してくれる方まで現れるに至ったのです。

中高生の頃の私は、勉強が好きでもなく、先生とも友達とも反《そ》りが合わず、これをやり抜いたと自信を持って言い切れるものが何もない、モヤモヤした青春時代を送っていました。そんな自分の書が人から喜ばれ、涙まで流してもらえた。その感動が、私を書道家の道へと突き動かしたと言えるかもしれません。

いまでこそ、「双雲《そううん》さんらしい字でお願いします」というありがたいオファーをいただく機会が増えましたが、最初から自分らしい字というのがあったわけではありません。

立ち上げたサイトに寄せられたオファーは、名刺や表札はもとより、「スナックの看板を書いてほしい」「社長の名前を書いてほしい」「力強く」「柔らかく」「相田みつをふうに」等々、種々雑多でした。私は来る仕事は決して拒まず、懸命に創意工夫を凝らして一つひとつのオファーに応えていったのです。

例えば、飲食店のロゴであれば、喉《のど》に通すものだから尖《とが》った線は控え、少しでもおいしそうな雰囲気を醸《かも》し出せるように書く。感動系の本のタイトルなら、薄墨を使って字を滲《にじ》ませる。ポスターであれば、道行く人がつい足を止めてしまう力強さを表現する。**何度も失敗し、試行錯誤を重ねるうちに、少しずつ武田双雲らしさを表現できるようになってきた**のです。

書には書き手のすべてが現れる

そうした中、思いがけず舞い込んできたのが、二〇〇九年のNHK大河ドラマ『天地人』の題字のオファーでした。突如いただいたお電話でプロデューサーの方から、「あなたの字をインターネットで見て惚《ほ》れた。これしかないと思った」と、書道家冥利《みょうり》に尽きる言葉をいただいただいたのです。
二十代の頃の私は、確たる答えの見出せない中でも、恥をかいたり、怒られたりすることを恐れず、来た球をひたすら打ち返す毎日を続けていました。この仕事を受ければ有名になれるとか、この仕事のほうが儲かるといった邪念を差し挟む余地もなく、とにかく大量にアウトプットを続けていました。

自分らしさというものは、社会と何度も何度もぶつかりながら懸命に工夫を凝らし、それを乗り越えることを繰り返す中で、少しずつ確立していけるものだと思います。若い頃は自分のスタイルを考えるよりも、とにかく量をこなすことが大事だというのが、私の経験に基づく実感です。

書道は書き手の中だけで完結するものではなく、見てくださった方から様々な反応をいただけるところに面白さがあります。先日開いた個展では、スイス人の方が私の字に大変感動してくださり、漢字も知らない外国の方にいったい何が伝わっているのか、人が感動するとはどういうことなのか、深く考えさせられました。

日頃から感じているのは、発表した作品は、文字の形だけでなく、その奥にある自分の普段の生活もすべて見られていること。いくら表面だけ取り繕《つくろ》っても、嘘は絶対にばれてしまう恐ろしさです。

そのことを踏まえて、**私が筆を執《と》る時に常に心懸けているのは、エネルギーが綺麗《きれい》かどうか**ということ。邪念がなく、心が整った状態で書くことです。といっても、イベントなど多くの方の前で書かせていただく機会も多いため、書く前に慌てて心を整えるのでは間に合いません。平素から心を整えておくこと、チューニングしておくことがとても大事です。

心をチューニングするために

私も人間ですから、ネガティブな気持ちになることはよくあります。けれども、その時間が少しでも短くなるよう努めています。**ネガティブな感情は、引きずるとチューニングが難しくなるので、すぐに応急処置をする**よう心懸けているのです。

例えば、自宅で皿を洗おうとした時に、心が乱れているのを感じたら、いったんスポンジを戻して一からやり直す。乱暴にドアを閉めたら「すみませんでした」と丁寧に閉め直す。自分の機嫌がよくないと感じたら、即座に呼吸を整える、姿勢を整える、体を動かす、マッサージをする、歌う、言葉を換える、休憩する、寝るなど、あらゆる方法を総動員して心のチューニングを図っています。

いまは多くの人が心のチューニングをしないまま活動をしているため、あちこちで不協和音が起き、悩みや問題を抱えてしまっているように感じます。私はゲーム感覚で楽しみながらこの心の修行を徹底して重ねるうちに、日常の当たり前に思われるようなことにも感謝できるようになり、いまでは周りの人が戸惑うくらいの**「感謝オタク」**になりました。

私は書道家として様々な文字を書きますが、「感謝」という文字には、確かに他の文字にはない特別な波動を感じます。そして、**日常の何でもないことに感謝し続けていると、身の回りには自分にとって最高のものしかないことが見えてきます。**そのことにまた感謝するとさらによい循環が生まれ、いまでは仕事も人間関係も健康状態も何の不満も不安もなく、毎日を心から楽しみ、笑って過ごせるようになりました。

私はよく人から「エネルギーが高いですね」「ポジティブですね」と言われますが、それは私が何でも楽しみ、感謝しながら取り組んでいるからだと思っています。

人生に無駄なものは何一つありません。朝起きて顔を洗うこと、会社に行くこと、パソコンを立ち上げること、メールを発信すること等々、日頃何気なくやり過ごしている一つひとつのことをいかに楽しむか。仕事についても同様で、大事な仕事がどこかにあるわけではありません。**目の前にある一つひとつの小さな仕事に百二十％の力で取り組むところから、道が開けていくのだと私は思います。**

そうして日常のあらゆることに自分で意味をつくり、一日一日、瞬間瞬間すべてに感謝し、楽しんでほしい。それがいま二十代を生きる若い方々に私が願うことです。

堀 威夫
いい顔をつくれる人に勝利の女神は微笑む

堀 威夫

ほり・たけお

ホリプロ創業者

昭和7年神奈川県生まれ。明治大学卒業後、バンドグループ「堀威夫とスイング・ウエスト」を結成。35年堀プロダクション(現・ホリプロ)を創業。社長を経て、59年に会長に就任。平成14年東証1部に上場。20年ホリプロのファウンダー最高顧問となり、現在に至る。平成4年藍綬褒章、15年名誉大英勲章CBE受章。

運のいい人と悪い人の違い

バンド活動に生活の保証などなかったが、他の仕事と掛け持ちして小遣いを稼ごうという発想は全《まった》くなかった。あったのは、何が何でもこの活動で食っていかなければという思いのみ。当時のナンバーワン・バンド、「ワゴン・マスターズ」打倒に全員が燃えていた。

いま振り返れば、若気《わかげ》の至《いた》りもいいところであるが、昭和三十年に結成した「堀威夫とスイング・ウエスト」は、一年後の人気投票でとうとう「ワゴン・マスターズ」をひっくり返したのである。

「若気の至り」という言葉は通常ネガティブな意味で使われるが、極めてポジティブな要素を併せ持っていると私は思う。訳知り顔の大人には考えも及ばないことを、若いひたむきなエネルギーは成し遂げてしまうのである。自爆してしまう確率のほうが高いかもしれないが、私はさしたる根拠もなく自分を信じ、無謀と乱暴の境目を行き来しながらも若気の至りの連続で何とか生き残ってきた。きっと運も味方してくれたのだろう。

世の中には運のいい人と運の悪い人がいる。両者の違いについて私なりに思うことは、**運**

のいい人は追い風を確実にものにしているということである。せっかくの追い風を生かせなければ、次に吹くまで倍の時間を待たなければならなくなる。そこでものにできなければさらにその倍。センサーが鈍い人は、風が吹いていることにすら気づかない。

たとえ小さくとも、巡ってくる運を一つひとつ確実にものにしていくか否かで、運のいい人と悪い人の差が生まれるのではないかと私は考えている。

それでも私は運がよかった

とはいえ、そういう私自身も数え切れないくらいに失敗を重ねてきた。しかし、失敗を恐れてただじっと待っていては、いつまで経っても運には恵まれない。日頃から情熱を燃やして物事に取り組み続けることで、運は呼び寄せられるのだと思う。

私がバンドでプレイング・マネジャーを務めていた二十代後半は、人の三倍は働いていた。午前中はレコード会社に赴《おもむ》いて打ち合わせをし、昼と夜にそれぞれ五ステージずつ演奏を務めた後、テレビ番組の収録に臨む。さらに、夜中近くなってから映画の打ち合わせに入り、仕事を終えて帰宅するのは早朝の四時頃。出来立ての温かい豆腐を買って帰るのが日常だった。

食べていくために必死だったわけだが、その時代に築かれた土台のおかげで私はこの業界で生き残ることができたと実感している。

忙しい日常は二十代を通して変わらなかったが、一つの節目となったのが二十七歳の時。子供が生まれたのを機に裏方に専念することにし、自分が見出したバンドや歌手をマネジメントする会社を立ち上げたのである。

しかし、二十代の若造が社長を名乗ることに気恥ずかしさもあり、お世話になっていた人に名目上の社長になっていただいたことが裏目に出た。出演依頼が重なって、抱えていた歌手をその人の営む店に回せなかったことでトラブルとなり、会社を乗っ取られてしまったのである。大学の商学部を出ていた私は、真面目に勉強をしておけばこんなことにはならなかったと悔やんだが、後の祭りである。

当時はまだ電話を引くのが大変な時代。会社を乗っ取られて仕事の連絡もままならなくなった私は、やむなく自分が売り出した歌手の電話を借りて、仕事を再開した。ホリプロはそんな状況の中で誕生したのである。

事前に何の準備もなく立ち上げたために、資金繰りには随分苦労した。前の会社で一所懸命育てた歌手が、自分についてこない現実も思い知らされた。

それでも自分は運がよかったと思っている。最初の会社では仕事も順調で、自分がやればスターなんかすぐ育てられると思い上がっていた。あのまま続けていたらきっとどこかで躓《つまず》き、業界から姿を消していたことだろう。危ない橋に何度も遭遇しながら、とうとう渡り切ることのできた自分は本当に幸運である。

自分の顔に責任を持て

そうした様々な試練を体験して学んだことは、**どんな時もいい顔をつくれていなければ、人も運も寄ってこないということである。お通夜の晩のような顔をした人間には、勝利の女神が微笑《ほほえ》むはずがない。**

ホリプロ本社のエレベーターを降りると、大きな姿見が掲げてあるが、その端には**「いい顔つくろう」**と記されている。小さな文字なので見過ごしてしまいがちだが、極めて重要な示唆を与えてくれている。

社長を務めていた頃は、朝起きて身支度を整《ととの》える時、それから会社に出社した時、**必ず鏡で自分の顔をチェックする**よう社員に説いていた。前日の嫌な気分を引きずっていては、決してよい仕事などできないからである。

会合に出席すると、談笑の中心で楽しそうにしている人がいる一方で、壁の花になって寂しそうにしている人もいる。その差も詰まるところは、いい顔をつくれているか否かの違いだと私は思う。

よい運に恵まれるためにも、自分の顔には責任を持たなければならない。

數土文夫
一所懸命勉強する
ことが、道を拓くコツ

數土文夫

すど・ふみお

JFEホールディングス名誉顧問

昭和16年富山県生まれ。39年北海道大学工学部冶金工学科を卒業後、川崎製鉄に入社。常務、副社長などを経て、平成13年社長に就任。15年経営統合後の鉄鋼事業会社JFEスチールの初代社長となる。17年JFEホールディングス社長に就任。22年相談役。経済同友会副代表幹事や日本放送協会経営委員会委員長、東京電力会長などを歴任し、令和元年5月旭日大綬章受章、同年6月より現職。

入社式で伺った三つの教え

就職先に川崎製鉄（現・ＪＦＥスチール）を選んだのは、給料が一番高かったからという至極明快な理由です。入社した昭和三十九年当時、「鉄は国家なり」と言われ、製鉄業は国の大黒柱。日本に八社ほどあった製鉄会社の中で、川崎製鉄が一番活気がありました。

川崎製鉄の初代社長を務めた西山彌太郎《やたろう》は、松下幸之助や本田宗一郎と肩を並べるほどの実業家です。川崎重工の一部長の立場でありながら、製鉄所を臨海部につくる重要性にいち早く気がつき、世界銀行に掛け合ってまでして川崎製鉄を創業した気骨ある人物です。入社した時、西山彌太郎はまだご健在で、私たち新入社員六十名に向かって語り掛けてくださった訓辞は忘れもしません。それは次の三つの内容でした。

一、会議などは必ず五分前に着席すること

遅刻はもっての外で、事前に議題を考え、自分の意見をまとめた上で会議に参加するという基本姿勢を教えられました。

二、一所懸命に勉強すること

どんな分野でも大抵三か月一所懸命に学んだら、大学で勉強するのと同じくらいの知識を得られる。入門書を三種類購入し、一週間で各三回読み込むペースで勉強して疑似専門家になれ、というのです。

三、社内外での交流をできるだけ広げること

新入社員の内、三分の二は技術職でしたが、エンジニアでも積極的に視野を広げ、自分より優れた人に学ぶ必要性を説かれました。

この三項目の重要性は年を重ねるごとに痛感していますが、還暦を迎えた頃に面白いことがありました。同期の集まりの場で私が「西山彌太郎から入社式で伺った三つの教えが社会人人生で非常に役立った」と口にすると、「どんな内容だっけ?」と誰一人として覚えていなかったのです。そして私が三つを説明すると、「もっと早く教えてほしかった」と言うではありませんか。**同じ話を聞いても、何を受け止めるかは本人次第**であることを教えられた出来事でした。

諸葛亮孔明に学んだリーダー像

新人研修後は工場で三交代勤務に入りました。一週間ごとに八時間ずつ出勤時間がずれるため、毎週欧米に行って時差を経験するようなものです。それが五年間続きました。私は会社から期待されていないと思い、定年退職後も生活していくためには一流の製鉄技術者になるしか道はない。そう考え、必死で仕事を覚えていきました。

先輩技師について現場を回っていると、高所で安全バンドをつけない、作業中に堂々と喫煙するなど、現場の技能社員がわざと就業規則で禁じられた行為をすることがありました。これは、気性の荒い技能社員たちが本社から来た新人の力量を試していたのです。一番駄目なのは違反行為自体に気づかない人ですが、気がついても注意できずに見て見ぬふりをする人も駄目。その次に駄目なのが「やめてください」とお願いをする人で、一番よいのはたとえ相手が年上でも、規律を守るようにとしっかり叱ることができる人です。

「泣いて馬謖《ばしょく》を斬る」という故事があるように、**一度組織の規律を緩めたら容易に元に戻らないため、将来有望な部下でも規律を破ればそれ相応の処罰を下さねばなりません。**メリハりのある指導ができないリーダーは部下から嘗《な》められ、信頼を得ることはできないでしょう。

私は入社三年目、二十五歳の時に主力工場の現場監督になりました。現場の技能社員五百名を束ねる立場です。古典から得た学びを生かし、違反行為を徹底して注意するだけでなく、違反者の上長を呼び出し、その指導責任も問うようにした結果、常にビシッと緊張感が漂う組織になりました。

一方で、五百名全員の顔と名前、家族構成を覚える努力も怠《おこた》りませんでした。諸葛亮孔明《しょかつりょうこうめい》は処刑した馬謖の遺族に対して丁重な補償、年金を施しています。当時の中国では九族（九代にわたる親族）すべて処刑されるのが一般的でしたので、諸葛亮孔明のこの人間性が部下からの厚い信頼に繋《つな》がりました。私もそれに倣《なら》い、**規律厳守を貫きながらも些細《ささい》なコミュニケーションを大事に**したことで、年長者ばかりの技能社員を束ねる監督職を全《まっと》うできたのだと思います。

人生の目標、志を持って生きる

加えて、一流の製鉄技術者を目指して、仕事の合間に技術論文の執筆に挑戦し続けました。研究職ではなく現場勤務の社員が実験を行い、論文を執筆するのはあまり前例がありませんでした。

入社三年目で初めて論文を仕上げた時のことです。締め切り四日前に上司に見せたところ、大層驚かれ、なかなか提出許可が下りませんでした。締め切り前日にようやく許可が出たものの、上司である課長と係長の名前も論文に併記するようにとの条件つき。即座に私は「ありがとうございます！」と二人の上司の名前を書いて提出したのです。この時に反発せずに従ったことが、成功の鍵だったのは間違いありません。

確かに、上司の指導のもとに仕事をしていたわけですから、論文に上司の名前を併記するのは一理あります。論文の提出許可が下りただけでもありがたい。瞬時にそう捉えての行動でした。

論文を執筆したことで、普段工場で働く私も年二回の学会発表の時だけは出張でき、それは社外の研究者や大学の教授と交流ができる貴重な場であると同時に、息抜きやストレス解消のよい機会にもなりました。仕事の傍《かたわ》ら年二本の論文を書くことは容易ではなかったものの、ドイツ語で書かれた専門誌を取り寄せ、勤務時間外に会社に残ってまとめ上げました。**一所懸命勉強すること、社内外の交流をできるだけ広げること**、入社式での西山彌太郎の教えがベースにあったからこそ、現場監督と論文執筆の両立ができたのだと感じています。

こうした私の二十代を振り返ると、**二十代の十年間は仕事や人生における基盤をつくる大切な時期**だったと思います。現場監督を経験したことでリーダーの基本的な心得を体得できましたし、論文の執筆を通して定量的根拠をもとに理論的に考える癖が身につき、これらは後にJFEホールディングスの社長や東京電力の会長を務めた際にも大いに役立ちました。

近年、志を持てない若者が増えていると耳にします。**自分が本当にやりたいことを見つけるためには、何よりもまず読書を薦めます**。特に、福沢諭吉の『学問のすすめ』、新渡戸稲造の『武士道』、内村鑑三の『代表的日本人』、この三冊を読めば、何かしらヒントを得られるでしょう。

いま二十代の方々には、いつまでも志に燃え日本の未来のために尽くしていただけることを心から願っています。

和田裕美
自分の得ではなく、常に相手の得を考える

和田裕美

わだ・ひろみ

ビジネスコンサルタントHIROWA社長

平成3年日本ブリタニカ入社。プレゼンしたお客様の98%から契約をもらい、営業で世界142支社中2位の個人記録を達成。その実績が買われ20代にして、女性初かつ最年少で、2万人に1人しかたどり着けないといわれる支社長となる。13年同社日本撤退後は独立し、ビジネスコンサルタントとして、国内外で研修や講演を展開。

〝企業内起業家〟精神

決意したからには即行動。完全歩合制の日本ブリタニカの説明会に参加した十日後には営業職としてデビューしていました。二十代の若手が活躍し、半数近くが女性だったため、働くイメージがしやすかったことも大きかったと思います。イキイキと活気ある社風でしたが、何よりも驚いたのが、皆が自発的に行動し、指示待ちの人が一人もいなかったことでした。

この一点が、一般的な会社と日本ブリタニカの大きな違いでしょう。企業内起業家といえば分かりやすいかもしれません。契約が取れなければ自分の給料がもらえないため、皆が必死になって創意工夫を重ねていたのです。

逆に、指示待ち人間は三日でいなくなりましたし、一年以内に九割近くが完全歩合制という環境に適合できずに辞めていきました。

私はといえば、生来引っ込み思案で人見知りする性格。営業に行っても、「断られたら嫌だな」「厚かましく思われないかな」とうじうじして声を掛けられないような人間でした。しかし、貯金なしで転職したため、今月契約が取れなければ食費がないどころか来月の家賃も払えません。その恐怖を思うと逃げるわけにはいかない。とにかく前に向かって動くしかありませんでした。

がむしゃらに行動していると少しずつ結果が出て自信を持つことができました。そしてより積極的に変わってきたのです。環境によって強制的に変革させられたようなものですが、**人間は変われるものだとつくづく実感します**。

結果が出る人と出ない人の差

新人は営業の手法は教えてもらえるものの、顧客リストはもらえません。ゼロから新規開拓する上で、私が初めに取り組んだのが、SCAP《スキャップ》と呼ばれる書店に立って営業する手法でした。書店に来られた方に英会話学校の案内チラシを配る単純な方法ですが、先輩のセールスを見ているとアポイントが次から次に取れていく人と、全《まった》く取れない人がいるのです。

この差は何なのか。独自に研究した結果、一つの気づきを得ました。それは**結果を出す人は〝とにかく明るい〟**ということ。書店に立ち続けていると疲労が溜まり、お客様がいない時など疲れた表情をしてしまいがちにも拘《かかわ》らず、結果を出す人は誰もいない店内でもなぜか楽しそうなのです。**そうした雰囲気を出している人のもとには人が吸い寄せられるように集まってくる**のだと分かりました。

その法則に気がついてから、私も明るさ第一でよい空気づくりに励みました。他にも、パンフレットを渡す位置にもとことんこだわり、人が思わず手に取ってしまいやすい位置を模索した結果、ＳＣＡＰで人の三倍のアポイントが取れるようになったのです。

こうして徐々に仕事に慣れてきた頃、上司から言われた忘れられない言葉があります。

「呼吸をする時に意識なんかしないだろう？　同じように当たり前に結果が出せる人になりなさい」

当時、「成績でゼロをつくったらどうしよう」と不安を抱えていた私は、まだまだ〝**当たり前に結果を出せる**〟体質ではありませんでした。どうしたらそうなれるのかと考えた末に、一年間、つまり「五十二週間ゼロなし」という自分のルールを定めました。毎週当たり前に結果を出せれば、**「息を吸って吐くように結果を出す」**ことができると思ったのです。

この自分で決めた目標を毎週達成していくことで徐々に自信がつき、好循環が生まれていきました。

しかし、「五十二週間ゼロなし」というのはお盆も正月もないということです。私は人が休んでいる時こそ最大最高のチャンスだと思っていたので、たとえ年末で教室が閉まっていたとしても、誰もいない教室にお客様を案内してこう説明をしていました。

「年末で授業の見学ができないのになぜ来てもらったのか。それは年が明けたらすぐ、あなたに目標を立ててもらいたかったからです」

このように、**自分の得ではなく常に相手の得を考えて営業**していると、自然とクロージングスキルが高まり、三人中一人契約を取れるのがアベレージ（平均）といわれていたところ、九十八％のお客様から成約を得ることができるようになったのです。

人の三倍のアポイントを取った上で、そのほとんどのお客様から契約を結んでいただいていたのですから、自然と成績が上がっていきました。そうして二年目の年末に、百四十二支社中、何万人といた営業マンの中で世界第二位の成績を収めることができたのです。

パワハラか否かは自分の心次第

実は、このナンバー2には裏話があります。通常ブリタニカでは全世界共通で、部下二、三人とチームをつくり、その合算した数字が評価されていたのですが、当時の私は部下育成が全くできずに悩んでいました。それを見かねた上司から、「チームで達成できないのであれば、一人で三人分の成果を挙げればいい」と言われたのです。

「いま既に精いっぱいなのに、一人で三倍は無理です」

「やってみたことはあるのか」

「いえ、ないです」

そんなやり取りをした後、上司は最後にこう付け加えました。

「やったことがないなら、どうやって無理を証明する？　できるかできないかを判断するのはやってみてから言え。やろうとするから考えるようになり、創意工夫が生まれて成長できるんだ」

いまの時代に「人の三倍働け！」なんて怒鳴られたら、捉え方によってはパワハラと思われてもおかしくないでしょう。しかし、言われた言葉は本質を突いている。自分にとって何が得か？　と考えれば、それはいまやることしかないと私には思えたのです。そして誰もしたことがない学生バイトを雇うなどの方法を使って三倍の結果を出し、私は個人で世界ナンバー2という座を掴《つか》めたのでした。

他にも**「二兎《にと》追う者は三兎を得よ」「出る杭《くい》は打たれ強くなる」**など、上司から強烈な言葉を与え続けられたおかげで、挫《くじ》けそうになっても起き上がれる考え方を学びました。

お客様のためを考えて営業していたとはいえ、時には自分の目標数字の達成目途《めど》が立っていない月もありました。そういう場面でよく部下に伝えていたのが、会社を出るまでは数字を追っていたとしても、お客様の前に立った瞬間に数字はすべて忘れ、お客様の幸せだけを考えようということ。

会社によっては目標数字を重視し過ぎるがゆえに、苦労して数字を積み重ねている営業マンがいるかもしれません。しかし、**苦しいというのは何かが間違っている証拠で、本来営業というのはお客様のためになる本当に楽しい仕事です**。この心を忘れなければ、会社の方針がどうであれ、一人の営業マンとしてお客様とよりよい関係性を築けると思います。

一龍斎貞水
「ぶる」んじゃないぞ、「らしく」しろ

一龍斎貞水

いちりゅうさい・ていすい

講談師／重要無形文化財保持者
（人間国宝）

昭和14年東京生まれ。30年都立城北高等学校入学後、先代一龍斎貞丈に入門。同年初高座。41年真打昇進、6代目一龍斎貞水を襲名。精力的な活動により芸術祭優秀賞、放送演芸大賞講談部門賞など受賞多数。平成14年講談協会会長に就任し、重要無形文化財保持者（人間国宝）に認定。

教えるものではなく伝えるもの

よく若い人で「稽古《けいこ》をしてくれない」と言う人がいます。だけど、**教えてくれなきゃできないって言っている人を教えたってしょうがありませんよ。稽古をしてもらうにはそれだけの準備をしてからでなきゃ、何も身につきやしません。**

「芸というのは教えるものでなくて伝えるもの」、これはうちの師匠・一龍斎貞丈《いちりゅうさいていじょう》の言葉です。師匠はあらゆる場を通じて弟子に技を伝えようとしているけれど、**最終的には、教わる人間の受け止め方次第。教える人間と教わる人間と、その間に真剣勝負がなければダメですね。**

我われが高座《こうざ》に上がる時は、どんなに体調が悪かろうが、お金を払って聴きに来てくれるお客さんがいる以上、命を懸けてやっています。舞台の途中で命が尽きたって、大した問題じゃないんです。それよりも、お客さんの前で手を抜くほうが失礼千万。それに、悔しいじゃない？　自分がせっかく培《つちか》ってきたものを全部見せないで、あいつは下手だと思われて高座を下りるなんて。

若い人たちは我われのそういう姿を盗めばいいわけ。**盗むっていうのは一番いいことで、パクるとは違うんです**。要は、師匠や先輩の高座をどう聴いて、どう生かすか、その違いです。盗んだものは自分の技となり応用が利きますが、何も考えずにパクったものは一本調子。それじゃあ腕は上達しやしません。やっぱり、**芸というのは自分で掴《つか》まなきゃ**。

「人間を磨きなさい」

ひと昔前までは内弟子《うち》といって、師匠の家に住み込み、掃除や洗濯など身の回りの世話をやる風習がありました。しかし、うちの師匠は忙しくて家にいない人だったので、専《もっぱ》ら通って台所や庭の掃除をしたり、家の手伝いなんかをしていましたね。

それから楽屋が私にとっては学校のようなもんで、先輩たちから礼儀作法や口の利き方など様々なことを教わりました。例えば、お茶一つ入れるにしても、濃さの好みがあるだろうし、時と場合によって出すべきお茶を変えなきゃなりません。暑い日に楽屋に到着したばかりの師匠に、熱いお茶を出したんじゃ失格。二日酔いの先輩には気を利かせて薄めのお茶を出せるくらいにならなきゃ、修業の甲斐《かい》がない。要は、気配りができるようになれということですが、楽屋でそれができれば、高座に上がった時にお客さんへの何気ない気配り目配りもできるようになっているんです。

いまの若い人が人間的にできてないと言われるのは、そういう人間修業をしていないからですよ。ただ小手先のスキルやノウハウの話ばかりをしている。**講談ってのは人間性が表れるものだから、まずは話をする人間を育てない限り、いい芸ってもんはできませんよ。**

よく話し方についての本で、「ここで大きな声を出す」「何秒おいて」「初めの一分でお客さんを笑わせろ」なんてノウハウがあるでしょう。ああいうマスメディア的な考え方には心がないよね。高座に上がっても、心ない人が語ったところでお客さんは感動しません。話す人の人間性が乏《とぼ》しければ、人物像が浮かび上がってこないんです。

師匠から芸について、ああしろこうしろと事細かに教えられた記憶はありません。**ただ、「人間を磨きなさい」と常にそれだけを言われ続けました。**

会得したことだけが身になる

師匠から厳しい指導を受けたのは言葉遣《づか》いに関してでした。「あのお客さんがこれをくれました」と報告に行くと怒られる。「『くれた』のはお客さんだから、おまえは『いただいた』『もらった』って言うのが正しい。言葉一つで金を稼ぐ仕事なんだから、意味をよく考えて言葉を使え」と。

同じ「奥さん」という表現でも相手の立場によって言葉が変わります。侍《さむらい》は「御新造《ごしんぞう》」、大名は「御簾中《ごれんじゅう》」、八っつぁんは「おっかあ」。まだ芸はできなくても、江戸の橋の名前やら何やら、独学で言葉の勉強を重ねていきました。

若い頃は、昼間に前座《ぜんざ》を務めて、その他雑事をやり繰りしながら、隙間時間で腕を磨いていました。もちろん、急にうまくはなれないけれど、五年、十年、十五年と続けるうちに、日常のすべてが修業だと気づけてくる。例えば、往来《おうらい》を歩いているだけでも人間勉強ができるんです。酔っ払いをじっと見て、酔い方にもいろいろ種類があることを掴む。それも自分の器や話術を広げる努力だろうね。

いまでこそ、楽屋での日常的なやり取りのすべてが自分の話芸の肥《こ》やしになる、と身に沁《し》みて感じます。だけど、駆け出しの頃にそれを教えてもらえるわけもなく、**自分で悟るのを師匠も先輩も待っていた**のでしょう。結局、自分で気づいて会得《えとく》したことのほうが、自分の芸として身につくんです。

師匠や先輩が高座に上がって話しているのを聴きながら、「なぜここで大きな声を出したのか」と疑問を抱いて、自分で答えを探る。**人から「ここで声を大きくしてください」と教えられたんでは、違う話になった時に全《まった》く応用が利かない**。自分で気がつけば師匠も毎回教えなくていいんで、楽なもんですよ。

「ぶる」ではなく「らしく」

十年くらい修業を積むと、もう一丁前で世の中のことすべてが分かったと思いたくなるものです。しかし、周りには自分の何十倍もの辛酸《しんさん》を嘗《な》め、喜びも悲しみも肌で経験している人がいることを忘れちゃいけない。

二十代になると、一人前ぶる人がいます。だけども、**「ぶる」んじゃないぞ、「らしく」しろ**ってよく言うんです。勉強中なら勉強中らしくする。**一人前ぶるな。二十歳は二十歳らしくが一番いい。**

二十代っていうのは、ようやく善悪の判断ができ、世の中の動きも理解できるようになってくる頃。だから、本当の修業、勉強期間っていうのは二十代ですよ。

松本明慶
師の教えは一滴もこぼしてはいけない

松本明慶

まつもと・みょうけい

大佛師

昭和20年京都府生まれ。洛東高校卒業後、39年京佛師・野崎宗慶師に弟子入り。京都佛像彫刻展で55年に市長賞を受賞以後計12回、60年に知事賞受賞以後計14回受賞。平成3年総本山より「大佛師」の号を拝命。11年世界最大級の木造仏・大弁財天像完成(鹿児島／最福寺)。現在全国各地の寺院に大仏を19体造仏。40人以上の弟子を育成中。

師匠の教えを受け止める覚悟

弟子入りした時、私が十九歳で師匠の野崎宗慶《そうけい》先生は八十二歳。初めて師匠の作品を見た時は、全身の毛がそそり立つほど鳥肌が立ち、震えが止まりませんでした。これが仏像なら、私が彫っていたものは何だったのだろう。自分との力の差に愕然《がくぜん》としました。そして、「あそこの仏さまを取ってくれ」と師匠から頼まれたものの、カタカタと手の震えが止まらず、落としてしまった。それほど緊張していたのです。

それからは全力投球どころか、「何で一日に二十四時間しかないのか！」と腹を立てたくなるほど寝食を忘れて没頭しました。ちょっとの時間も無駄にはできませんので、師匠のもとに通う電車内や帰宅後も常に仏像のことを考えていました。寝ないと怒られるため、夜遅くに抜け出し、鴨川の土手の街灯を頼りに彫り続けました。

師匠は寿命を悟られていたのでしょう。自分が倒れた時に若い弟子を路頭に迷わせてはいけない。命と引き換えに短期間でこいつをものにしなければ、自分が掴《つか》んだ極意をすべて教えなければ、との気迫が伝わってきました。高齢のため、彫刻以外の日常生活では手が震えるような時もあられましたが、彫刻刀を手に取ると、不思議なことにピタリと震えは止まり、すいすいと彫り進められるのです。

そうして彫りながら仏さまの教義についても、じっくりと丁寧に話してくださいました。なおかつ、茶道、人との接し方、物事の基本的な考え方など……。何遍も何遍も教えていただきました。オーバーに言えば、師匠が〝口伝《くでん》〟で教えてくださったことがいまの私のすべてです。

対面する師匠のお言葉を通した〝口伝〟によって、仏像彫刻の神髄を一子相伝《いっしそうでん》の如《ごと》く教えていただきました。それは「回し」という彫り方で、普通なかなかさせてもらえません。師匠と私で同じ仏像を二体同時に彫り、一時間経つと交換し、それを繰り返して完成させる方法です。師匠は私の下手な仏像を綺麗《きれい》に整えてくださり、私はそれを見て覚え、真似《まね》しました。

大切なのは時間ではない。ピタッと心が寄り添うこと

よく弟子にも言うことですが、**師匠の教えは一滴もこぼしてはいけない**のです。掌《てのひら》のような自分の小さな器で掬《すく》いにいったらほとんどこぼします。私は師匠のすべてを受け取るつもりで、大きな金盥《かなだらい》を持つように、言葉だけでなく所作などすべてを掬いにいきました。**師匠の一挙手一投足から学ばんとする私の熱意と、自分の掴んだすべてを伝えんとする師匠の熱意、師と弟子の情熱がぶつかり合い**、工房には凛《りん》とした空気が流れていました。

師匠がトイレに立たれたら、散らかっている小刀を持ちやすいように全部並べ替え、必ず座布団をひっくり返して木屑《きくず》を払い掃除をしました。誰に言われたわけでもなく、自分がただそうしたかった。師匠が仕事をしやすいようにして、少しでも役に立ちたい。その一心でした。

仏さまと一体になり、仕事に打ち込む師匠の御姿に憧れ、いまでも師匠に近づきたいと思い続けています。残念ながら師匠は八十三歳で生涯を閉じましたので、弟子入りしていた期間は一年半です。

しかし、大切なのは時間の長さではありません。**道を求めて出逢い、ピタッと心が寄り添っ**

た人とは、一年が十年にも二十年にもなるのです。いまでも師匠が彫っておられる姿が見えますし、声も聞こえます。しかし、**師匠からもらった口伝は、自分が腕を磨いた分しか理解できません。**ですからもっと精進しなければと思います。

自己満足の仕事を超えた先に

独立後、ある偉い仏師の自伝を読んだことがあります。そこには仏師という仕事を六十年続け、やっと「仏さまにこれで鑿《のみ》を置いてよろしゅうございますか」と聞けるようになったと書いてありました。大抵の人はこれを読んで感動されるのでしょうが、私は「じゃあ、三十歳の時に何をしていたのだろう」と憤りを感じてしまいました。年齢に関係なく、その時出せる力のすべてを注いで彫ったなら、三十歳でも仏さまはその人を許してくださると思うのです。

この言葉は若者を落胆させる言葉でしかありません。この道六十年、八十年と経って初めて仏さまにお許しを願える仕事なんだと。そう言われたら、若手は手も足も出ません。八十歳で一人前になるのは真っ平御免《ごめん》です。**一日で三日分生きよう。**そして六十年を二十年でやり遂げてしまおう。それしか経験年数に勝つ方法はないと考え、文字通り朝から晩まで働き通しました。


そうして仕事に打ち込むほど様々なところから光がもらえました。二十代が間もなく終わろうとしていた頃、高校時代の親友にこう言われたことがあります。

「おまえは誰のために仏像を彫っているんや。弟の供養《くよう》と言うけれど、自分の心がイライラしているから彫っているのと違うんかな。仏さまは人のために彫るんやぞ」

そう言われてそれまでは自己満足で彫っていたのだとハッとしました。仏像を彫るきっかけとなった四つ年下の弟の死から十数年経ってようやく、弔《とむら》うというのは悲しみや苦しみに耐えていけるだけの力をつけることで、その手助けをするのが仏さまなのだと悟りました。

そうしたことに気づくと、木のほうから次はここを彫れと指示を出してくるような気がして、あんなに必死に求めていた仏さまが木の中に見えるようになったのです。

昭和の製紙王と言われた藤原銀次郎翁が残した「愉快に働く十カ条」という心得があります。

第一条　仕事をかならず自分のものにせよ
第二条　仕事を自分の学問にせよ
第三条　仕事を自分の趣味にせよ
第四条　卒業証書は無きものと思え
第五条　月給の額を忘れよ
第六条　仕事に使われても人には使われるな
第七条　ときどきかならず大息を抜け
第八条　先輩の言行を学べ
第九条　新しい発明発見に努めよ
第十条　仕事の報酬は仕事である

第一条「仕事をかならず自分のものにせよ」の後にはこんな説明が続きます。

自分のやっている仕事は会社のものでもなければ、重役のものでもない。また、これを監督したり、命令したりする部長、課長のものでもない。自分のやっている仕事は、あくまで自分のものである。また、自分のものにしてしまわなければ、愉快にやれないし、熱心にもなれない、したがって能率も上がってこない。

大学を卒業後、地方新聞社を経て、三井銀行、三井物産で名を鳴らした藤原銀次郎翁が、倒産の危機迫る王子製紙（現・日本製紙）への出向を命じられたのは四十二歳の時。同僚の反対をよそに火中の栗を拾い、常識を覆す改革を断行して経営を再建、ついには社長となり、〝製紙王〟と呼ばれるに至ります。

一サラリーマンに過ぎなかった藤原翁はなぜ大会社を再建できたのか――。それは右記の心得に象徴されるように、仕事を単なる生活の資《し》を得るためのものではなく、自らの人生の目標と捉えて打ち込んだからに他なりません。

＊　＊

本書『20代の仕事の教科書』は、人間学を学ぶ月刊誌『致知《ちち》』から生まれました。「いつの時代でも、仕事にも人生にも真剣に取り組んでいる人はいる。そういう人たちの心の糧《かて》になる雑誌を創ろう」

この創刊理念のもと、一九七八（昭和五三）年に産声をあげた『致知』は本年創刊四十六周年を迎えます。創刊時、「こんな堅い雑誌は誰も読まない」と言われながらも、また近年は出版不況や読書離れと言われる状況下ながらも、毎年読者数は増え続け、現在は国内外に十一万八千人を超える方々が心待ちにしてくださる月刊誌へと育ちました。

『致知』をテキストにした勉強会は「木鶏会《もっけいかい》」と呼ばれ、人材教育の一環として全国千三百社以上の企業に実施いただいておりますが、その波は現在、中学・高校・大学の運動部を中心に部活動の現場に急速に広まり、七十四校、四千名を超える若者たちが毎月『致知』に学んでいます。

「いつの時代でも、仕事にも人生にも真剣に取り組んでいる人はいる」という創刊理念に呼応するかのように、新世代の若者たちが全身全力で『致知』に学び、仕事や人生に活かそうとするひたむきな姿には心を打たれます。そのように、十代や二十代の読者が増加していることに、日本の未来に対する希望を抱かずにおられません。


本書は『致知』で二〇一〇年から続く人気連載「二十代をどう生きるか」より、三十三名の方々のお話を再編集したものです。若手社員のみならず、仕事の原点を見つめ直す上で楽しみに読んでくださっている方も多く、本連載をぜひ書籍にまとめてほしいというご要望をたくさんいただいていたことから、このたび単行本として刊行する運びとなりました。


本書を通読して胸に湧き上がってくる二つの思いがあります。

その一つは、ここに登場される三十三名の方々は職業のジャンルは異なるものの、総じて藤原翁が説く「愉快に働く十カ条」の体現者であるということ。

そしてもう一つは、二十代の生き方・働き方が三十代の生き方・働き方を決め、三十代の生き方・働き方が四十代の生き方・働き方を決める、ということです。つまり、二十代をどう生きるかこそが、その後の仕事観のすべてを決めてしまうと言っても過言ではありません。

いま、日本人の仕事観や労働観が激しく揺れ動く只中《ただなか》にありますが、本書に凝縮された〝生きた実践哲学〟を、ご自身の仕事や人生の羅針盤《らしんばん》としていただけましたら、この上もありません。

最後になりましたが、掲載のご承諾をいただけました三十三名の皆様方に心より感謝を申し上げます。

令和六年三月吉日

致知出版社取締役『致知』編集長　藤尾允泰

第1章　仕事ができる人の心構えの基本

新浪剛史（サントリーホールディングス社長）――2020年2月号
鈴木茂晴（日本証券業協会会長）――2018年6月号
福地敏行（日本アイ・ビー・エム取締役専務執行役員）――2017年8月号
渡邊直人（王将フードサービス社長）――2024年2月号
和地　孝（テルモ名誉会長）――2019年4月号
上甲　晃（志ネットワーク「青年塾」代表）――2018年8月号

第2章　自分の仕事は自分でつくる

鈴木　喬（エステー会長）――2021年2月号
菊間千乃（弁護士）――2022年6月号
青木仁志（アチーブメント社長）――2020年1月号
奥田　透（銀座・小十店主）――2021年8月号
宮本亞門（演出家）――2021年6月号

第3章　熱意があれば開かない扉はない

鈴木敏文（セブン&アイ・ホールディングス名誉顧問）――2021年4月号
鍵山秀三郎（イエローハット創業者）――2018年10月号
矢野博丈（大創産業創業者）――2024年1月号
大山健太郎（アイリスオーヤマ会長）――2021年9月号
髙田　明（ジャパネットたかた創業者）――2017年9月号
中井政嗣（千房社長）――2018年9月号

第4章　挫折や失敗こそが人間の土台を築く

松岡修造（スポーツキャスター）――2022年7月号
吉田　都（新国立劇場舞踊芸術監督）――2021年10月号
原田隆史（原田教育研究所社長）――2021年5月号
小林研一郎（指揮者）――2022年12月号
為末　大（Deportare Partners CEO）――2021年11月号

※肩書は掲載当時

第5章　本気度が仕事の成否を決める

小久保裕紀（前侍ジャパン代表監督）――――2019年6月号

弘兼憲史（漫画家）――――2021年3月号

辻口博啓（パティシエ／モンサンクレールオーナーシェフ）――2020年3月号

今野華都子（エステティシャン／アイテラス社長）――――2022年10月号

田口佳史（東洋思想研究家）――――2018年12月号

第6章　人間性を磨くことが進歩への道

武田双雲（書道家）――――2022年2月号

堀　威夫（ホリプロ創業者）――――2019年1月号

數土文夫（ＪＦＥホールディングス名誉顧問）――――2022年5月号

和田裕美（ビジネスコンサルタントＨＩＲＯＷＡ社長）――2019年11月号

一龍斎貞水（講談師／重要無形文化財保持者〔人間国宝〕）―2020年4月号

松本明慶（大佛師）――――2021年7月号

ブックデザイン　秦 浩司
写真　齊藤文護、坂本泰士、菅野勝男、
藤谷勝志、山下武
時事（二〇五頁）

〈監修者略歴〉

藤尾允泰（ふじお・さねやす）

月刊『致知』編集長。昭和63年東京都生まれ。平成23年学習院大学法学部を卒業後、父親の藤尾秀昭が代表を務める致知出版社に入社。以来、人間学を学ぶ月刊誌『致知』の編集に携わり、これまで約1,000名の一流プロや人生の達人を取材。令和元年取締役、令和4年編集長に就任。

※月刊『致知』とは
有名無名や職業の分野を問わず、各界で一道を切り開いてこられた方々の貴重な体験談を毎号紹介し、令和5年に創刊45周年を迎え、定期購読者数は11万人を超える。書店には置いていない定期購読誌ながらも口コミで広がりを見せ、経営者やビジネスパーソン、学生など幅広い層に愛読されている他、栗山英樹氏や北尾吉孝氏をはじめ各界のトップリーダーからも支持されている。

20代の仕事の教科書

令和六年三月二十五日第一刷発行

監修者　藤尾　允泰
発行者　藤尾　秀昭
発行所　致知出版社
〒150-0001 東京都渋谷区神宮前四の二十四の九
TEL（〇三）三七九六—二一一一
印刷・製本　中央精版印刷
落丁・乱丁はお取替え致します。　（検印廃止）

ISBN978-4-8009-1304-3 C0095
ホームページ　https://www.chichi.co.jp
Eメール　books@chichi.co.jp

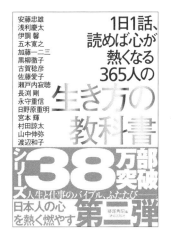